国际儒学联合会资助出版

典亮世界丛书

《道法自然　天人合一》，彭富春　编著

《天下为公　大同世界》，干春松、宫志翀　编著

《自强不息　厚德载物》，温海明　主编

《民惟邦本　本固邦宁》，颜炳罡　编著

《为政以德　政者正也》，姚新中、秦彤阳　编著

《革故鼎新　与时俱进》，田辰山、赵延风　编著

《脚踏实地　实事求是》，杜保瑞　编著

《经世致用　知行合一》，康　震　主编

《集思广益　博施众利》，章伟文　编著

《仁者爱人　以德立人》，李存山　编著

《以诚待人　讲信修睦》，欧阳祯人　编著

《清廉从政　勤勉奉公》，罗安宪　编著

《俭约自守　力戒奢华》，秦彦士　编著

《求同存异　和而不同》，丁四新　等　编著

《安不忘危　居安思危》，吴根友、刘思源　编著

國際儒學聯合會·典亮世界丛书

求同存异
和而不同

丁四新 王政杰 赵乾男 编著

人民出版社

出 版 说 明

　　2014 年 9 月 24 日，习近平主席在纪念孔子诞辰 2565 周年国际学术研讨会暨国际儒学联合会第五届会员大会开幕会上的讲话中，提出了包括儒家思想在内的中国优秀传统文化中蕴藏着解决当代人类面临的难题的重要启示："关于道法自然、天人合一的思想，关于天下为公、大同世界的思想，关于自强不息、厚德载物的思想，关于以民为本、安民富民乐民的思想，关于为政以德、政者正也的思想，关于苟日新日日新又日新、革故鼎新、与时俱进的思想，关于脚踏实地、实事求是的思想，关于经世致用、知行合一、躬行实践的思想，关于集思广益、博施众利、群策群力的思想，关于仁者爱人、以德立人的思想，关于以诚待人、讲信修睦的思想，关于清廉从政、勤勉奉公的思想，关于俭约自守、力戒奢华的思想，关于中和、泰和、求同存异、和而不同、和谐相处的思想，关于安不忘危、存不忘亡、治不忘乱、居安思危的思想，等等。"习近平主席的重要讲话高屋建瓴，视野宏大，思想深邃，深刻阐明了中华优秀传统文化为人们认识和改造世界提供的有益启迪，为治国理政提供的有益启示，为道德建设提供的有益启发，对传承弘扬中华优秀传统文化具有长远的根本的指导意义。

为把学习贯彻落实习近平主席这一重要讲话精神进一步引向深入，国际儒学联合会与人民出版社共同策划了"典亮世界丛书"。丛书面向对中华文化感兴趣的海内外读者，以习近平新时代中国特色社会主义思想为指导，结合新时代中国的治国理政实践，由在中华传统文化领域深耕多年的学者担纲编写，从浩如烟海的中华典籍中精选与这十五个重要启示密切相关的典文，对其进行节选、注释、翻译和解析，赋予其新的涵义，以帮助读者更好地理解中华优秀传统文化之于当代中国的价值，为解决当代人类面临的难题提供中国方案，让中国优秀传统文化同世界各国优秀文化一道造福人类！

我们应秉持历史照鉴未来的理念，传承创新包括儒学在内的中华传统文化，把那些跨越时空、超越国度、具有当代价值的文化精神弘扬起来，倡导求同存异，消弭隔阂，增进互信，促进文明和谐共生，弘扬和平、发展、公平、正义、民主、自由的全人类共同价值，为共创后疫情时代美好世界、推动构建人类命运共同体而努力。

国际儒学联合会、人民出版社

2022 年 4 月

目　录

引　言

　　"和"或"和谐"（harmony）是中华文明的核心价值。从宇宙到人生，从家庭到社会，从人际到国际，从政治到经济，"和"的价值和观念无处不在。作为观念，"和"产生很早，它孕育于天人混沌不分的原始宗教意识中。从目前可见文献来看，"和"作为概念在西周晚期正式提出。春秋末期，晏婴、老子和孔子等政治精英和知识精英都很重视"和"，将它作为世界观、人生观和价值观的核心概念来看待。

　　《说文·口部》曰："咊，相譍也。""咊"或写作"和"字，读去声，其本义指声音相应和。同书《龠部》曰："龢，调也。""龢"读平声，义为和谐、协调，经传多借"和"字为之。作为中华文明核心价值的"和"，即是"龢"的通借字。作为哲学术语，"和"与"同"相对，前者指不同因素的和谐和统一，而后者则指单一因素的雷同和叠加。"和"与"异"也有差别。"和"在不同历史时期和不同语境中的含义不同。本书以"求同存异，和而不同"为主题，分为和同篇、同异篇、中和篇、太和篇、和谐篇，以它们来揭示中国传统中的"和"概念及其相关命题的内涵。

一、和　同

　　本篇所谓说"和""同"概念，是面对权威而表现出来的一种立场、态度和价值。求真、辨别是非和立身处世，是人类活动的基本内容。但是如何求真，如何辨别是非，如何立身处世？对于这些问题，不同的人有不同观点和看法，既涉及方法论也涉及价值观。在此语境中，"和"是和谐、协调，"同"是剷同、独断。中国古人普遍主张和赞成协调、和谐，而反对独断和剷同。史伯主张"和实生物，同则不继"，晏子强调"和与同异"，孔子主张"和而不同"。归纳起来，古人通常赞成"和"法，而反对"同"法。纵观中国古人的和同观，大抵可分为五种：第一种从事物生成的角度论和同，第二种从政治角度论和同，第三种从立身处世的角度论和同，第四种从求真辨理的角度论和同，第五种从做学问的角度论和同。

第一种从事物生成的角度论和同，阐明了古人辩论和同的意义所在，故此种论说具有总摄义。《国语·郑语》载史伯曰："夫和实生物，同则不继。以他平他谓之和，故能丰长而物归之。若以同裨同，尽乃弃矣。故先王以土与金木水火杂，以成百物。""和实生物，同则不继"两句揭明了事物的生成原则是"和"而不是"同"。"和"是不同质料或物品的相互作用，而"同"则是同一质料或物品的叠加。五行的生成论哲学也是如此，史伯说："故先王以土与金木水火杂，以成百物。"这是说，万物的生成是土行与其他四行相杂糅，而不是任何一行单独自加的结果。这说明了"和"是万物生成的根本法则。制作羹食和弹奏琴瑟也是如此。据《左传·昭公二十年》，晏子认为，做羹食，除了主料外，还需要配料、调料，以及"以火济水"的条件；而弹奏琴瑟则需要五声或多根丝弦的配合。这是"和"法。否则，"若以水济水，谁能食之？若琴瑟之专壹，谁能听之？"很显然，晏子反对"同"法。史伯和晏婴所说道理，在后世不断得到人们的阐明和引用。

第二种从政治的角度论和同，古人的相关论说大多聚焦于此。上引史伯说和晏婴说，本来都是从政治角度来说的。史伯"和实生物，同则不继"的命题，是在回答郑桓公"周其弊乎"的问题时提出来的。西周末年，周幽王昏乱，"去和而取同"，环侍其周围的人都是阿谀奉承、言听计从之徒，所以史伯据此断定西周殆将灭亡。晏婴说"和与同异"，是针对齐景公所云"唯据与我和夫"来说的。在晏子看来，梁丘据实际上是以"同"法来与齐景公相交往的。从政治来看，所谓"和"是："君所谓可而有否焉，臣献其否，以成其可；君所谓否而有可焉，臣献其可，以去其否。"所谓"同"是："君所谓可，据亦曰可；君所谓否，据亦曰否。"一般说来，可否相济的"和"法是人君决策正确和政治成功的保证。一言堂，一人独断，以及臣下阿谀奉承、见风使舵，这往往是人主决策错误、政治失败的主观原因。西汉大儒刘向深化了晏子"水火相济"之说。关于水火如何相济，刘向说："譬犹水火不相能也，而鼎在其间，水火不乱，乃和百味。"（《说苑·杂言》）刘向认识到了择人的重要性，"君子居人间则治，小人居人间则乱"（《说苑·杂言》），是君子掌权还是小人掌权，结果是两码事。东汉刘梁提出了"得由和兴，失由同起"（《后汉书·文苑传》）的观点，对和同得失的关系作了简洁明快的概括。北宋彭汝砺做了更深入的议论，他说："是非在理，不在同异。"（《全宋文》第 101 册）将"理"作为判断是非的真实根据。应当说，彭汝砺的观点超越了此前诸种说法，因为同异毕竟只是权力现实化的表象，甚至或同或异，有可能不过是权力外化的一种政治表演。

第三种从立身处世或修身的角度论和同，这种论说也很常见。《论语·子路》篇载孔子曰："君子和而不同，小人同而不和。"孔子所说"和而不同"从此即成为中国传统士人立身处世的基本准则。孔子虽然主张"和而不同"，但是他反对为和而和，更反对毫无道德底线的乡愿。《论语·阳货》篇载孔子曰："乡原（愿），德之贼也。"在《孟子·尽心上》中，孟子分析了乡愿何以是德之贼的原因：乡愿采取"同"法，非常善于伪装自己，而成为"众皆悦之"的好好先生；但他以此"自以为是"，作出了坏的示范，所以说他妨害了人们在道德上的追求和进益。在《孟子·告子下》篇中，孟子提出了"君子亦仁而已矣，何必同"的观点，阐明了立身处世的德行本质是"仁"，由此深化了孔子"和而不同"的说法。东汉荀悦将"和"落实在具体的修身实践上，其法具体是："君子食和羹以平其气，听和声以平其志，纳和言以平其政，履和行以平其德。"（《申鉴·杂言上》）

第四种从求真辨理的角度论和同，此种论说在宋代以后颇为明显。除了上引彭汝砺"是非在理，不在同异"之说外，陆象山说："天下之理但当论是非，岂当论同异？……异字与同字为对，有同而后有异……此理所在，岂容不同？不同此理，则异端矣。"（《与薛象先》）这段话表明，陆象山已完全超越了以往的和同之论，他不但认为"是非"高于"同异"，而且认为"理"是"是非"的判准，进一步深化了北宋彭汝砺的说法。

第五种从做学问的角度论和同，张载、苏轼、黄宗羲的相关说法比较突出。张载认为，学者之所以"乐己之同，恶己之异"，是因为他固、必、意、我，不能做到虚心（《经学理窟·义理》）。苏轼批评了身居相位的王安石"好使人同己"，"欲以其学同天下"。另外，苏轼还对"同"作了反思，认为"同"应当"同于生物"，而不应当"同于所生"（《苏轼文集》卷49），重视生生，是中国哲学与文化的价值观之一。黄宗羲认为，"一偏之见"和"相反之论"都是"一本万殊"的体现；他反对"以水济水"，认为抄袭和因循，都不是学问（《明儒学案·发凡》）。黄宗羲重视学问的求真、求异和创新，而且认识到求异和创新是有密切关系的。

总之，"和"与"同"是基于求理和明辨是非的需要，人们在面对政治权威、道德权威和知识权威时所采取的两种态度和方法。一般说来，中国古代哲人赞成"和"法而反对"同"法。其中，史伯的"和实生物，同则不继"、晏婴的"和其可否"和孔子的"和而不同"说法最具代表性。作为价值观念，"和而不同"还可以作为我国处理国际关系和建设中华民族命运共同体、人类命运共同体的一个重要原则。在处理当代国际政治问题上，"和"和"不同"都是必要的。

二、同 异

客观世界纷繁复杂，变化不断，这是异。万物有联系，前后相贯通，这是同。同与异是对立统一的关系：同中有异，异中有同，同以存异，异以成同。客观世界的同与异，决定了主观世界的同与异。"同"有同的价值，"异"有异的价值。世界的复杂性决定了人的世界观、人生观和价值观的复杂性。同异的主观辩证法来源于同异的客观辩证法。或同或异，从价值观上来看受制于"和"原则，而以和谐共生为基本指向。"求同存异"是一种寻求和平共处、和谐共生的大智慧。"求同"是指双方寻求共同的世界观、人生观和价值观，"存异"是指双方暂时搁置彼此在价值观和利益上的对立和冲突。"求同"和"存异"在此都是手段，其目的是为了双方的共生共存，交流合作和共同发展。需要指出，"求同存异"中的"同""异"概念，与"和而不同"中的"同""异"概念是有区别的。从政治实践来看，前一命题主要是为了在平等关系的基础上实现双方的交流、沟通与合作，而后一命题则通常是为了在同一关系体中实现上对下的宽容，便于下对上提出真诚的建议。后者在本质上是围绕权威应当如何表现及个人应当如何对待权威来展开的。

其一，古人从正面言及"同"的说法颇多，且主要体现在价值观和方法论上。作为正面的价值原则，"同"所涉及观点有：（1）"同人同心"之说。《同人》是《周易》第十三卦，"同人"是和同于人或与人和同的意思。《象传》曰："天与火，同人；君子以类族辨物。"

《同人》的卦画为☰，上乾下离，上天下火，天在上，火曰炎上，"与"是亲近之义，故《象传》曰"天与火，同人"。"类族辨物"是说，君子重视群体利益而轻视个人好恶。就《同人》九五爻辞"飞龙在天，利见大人"，《易传·系辞上》引孔子曰："二人同心，其利断金。同心之言，其臭（嗅）如兰。""同心"的说法是对"同人"的深化，这是说，二人只有做到了同心，才能做到同人。（2）"与民同乐"之说。孟子主张仁政王道之说，主张人君的个人欲望应当受到限制。在《孟子·梁惠王》等篇中，孟子基于义利之辨提出了"与民同乐"之说，而"与民同乐"的本质其实即是"与民共利"。同样的意思见于《大戴礼记·哀公问五义》引孔子曰"所谓贤人者，好恶与民同情，取舍与民同统"。（3）《礼记·礼运》篇的"大同"说。"大同"说既是一种很高级的政治制度，又是一种理想的社会形态。通过具体制度，大同社会展示了权力的公共性，以及道德的高尚性和利益的共同性。

作为正面的方法论原则，"同"所涉及观点有：（1）"同"是同类事物相感相应、相与相求的前提。《乾卦·文言》曰："同声相应，同气相求。"而据"同声相应，同气相求"的说法，古人对人道人伦作了论证。（2）"同"是一种归类方法。《孟子·告子上》曰："口之于味也，有同耆（嗜）焉；耳之于声也，有同听焉；目之于色也，有同美焉。至于心，独无所同然乎？心之所同然者何也？谓理也，义也。"（3）"同"是一种齐物方法。《庄子·德充符》曰："自其异者视之，肝胆楚越也。自其同者视之，万物皆一也。"其中的"同"和"异"，都是作为观法来使用的。（4）"同"是一种与境界相关的方法，它也可以直接表示境界。通行本《老子》第四章曰："和其光，同其尘。"（5）"同"是一种表示政治认同，或政治忠诚的方法和原则。这主要见于墨子的"尚同"说。

其二，由于世界是充满差异且不断生成变化的，因此"异"也是世界的本相，它应当得到肯定和尊重。理解世界、了解人情、治理国家和管理社会都应当尊重"异"的原则，由此去把握历史和现实变化的复杂性、差异性。关于"异"，中国古书的论述很多，可参看《管子·宙合》《孟子·滕文公上》《荀子·正论》《新语·思务》《淮南子·泛论》《礼记·王制》和《抱朴子·广譬》等篇。《管子·宙合》曰："天不一时，地不一利，人不一事，是以著业不得不多，人之名位不得不殊。"这是说自然界和人类社会都是在不断发展变化的，所以人类的职业和名位很多。《孟子·滕文公上》曰："夫物之不齐，物之情也。""不齐"即异，即差殊之义。"不齐"是事物的实情或真相，治理国家即应当以"不齐"为基础，实事求是，充分尊重事物的变化及其复杂性。就圣王之治，陆贾《新语·思务》说："圣人因变而立功，由异而致太平。"陆贾从圣人立功和致太平的角度，强调了"变""异"的重要性和必要性。

其三，虽然典籍有时强调"同"的重要性，有时又强调"异"的重要性，但实际上它们都是对于事实真相的反映，两者缺一不可。关于同异关系，中国古代典籍的观点和看法有：（1）同是整体，异是部分。《睽卦·象传》曰："上火下泽，睽。君子以同而异。"《睽卦》（☲）上离下兑，上火下泽。火曰炎上，泽曰润下，故此卦有乖离、乖违之义。"君子以同而异"是说："君子因此寻求大同而并存小异。"大同和小异，分别是就睽卦的整体和上下两卦来说的。《睽卦》包含着求同存异的辩证思想。（2）异是特殊，同是一般。王充《论衡·自纪》曰："美色不同面，皆佳于目；悲〈乐〉音不共声，皆快于耳。酒醴异气，饮之皆醉；百谷殊味，食之皆饱。""美色不同面"这是殊相，但它们皆是"美色"，"皆佳于目"，这是共相。前者是特殊，后者是一般。（3）异是手段，同是目的。《易传·系辞下》载孔子曰："天下何思何虑？天下同归而殊涂（途），一致而百虑。天下何思何虑？""同归""一致"是目的，"殊途""百虑"是手段，没有手段之异，哪有目的之同？同和异在此是目的和手段的关系。（4）异是表现同的境界。《礼记·中庸》曰："仲尼祖述尧舜，宪章文武，上律天时，下袭水土。辟（譬）如天地之无不持载、无不覆帱，辟（譬）如四时之错行，如日月之代明；万物并育而不相害，道并行而不相悖，小德川流，大德敦化，此天地之所以为大也。"这段话说，孔子达到了与自然合一（"上律天时，下袭水土"）和与历史合一（"祖述尧舜，宪章文武"）的天地境界。"万物并育而不相害，道并行而不相悖，小德川流，大德敦化"，这是异；"此天地之所以为大也"，这是同。据此可知，异是对于同的人生境界的表现。

在当代，"求同存异"是一种实践智慧和政治智慧，它试图突破彼此隔阂而实现双方交流、合作、共存、互赢和发展。"求同"是寻求双方可以沟通、合作、互利的共同点，而"存异"则是搁置双方的对立和争议。需要指出，这种智慧虽然在中国文化中有其根源，但是更多地它是一种被当代中国人，特别是领导人所提倡和实践的大智慧。这种智慧是中国突破西方文明和价值观的对立及其利益冲突，而解决自身发展和生存矛盾的政治智慧。"求同存异"是中国在当前国际环境下为了自身的发展而走向多极化和全球化的正向方法论。

三、中　和

"中和"也是中华民族的传统价值，是"和"观念的演化。"中"字产生很早，并早于"和"字。从甲骨文来看，殷人已产生了尚中的观念。据古文字学者的研究，"中"字本是一种带旒之旗，用来测风向的工具。在《尚书·洪范》庶征畴中，"风"是五征中最重要的一征。在"中和"一词中，"中"是中正、不偏不倚之义。而且，本篇所说"中和"，是中国思想和文化的一个专门观念。一般说来，"中和"作为一个观念，正式起源于《礼记·中庸》，中经汉人的解释，至宋代，儒者大肆推阐中和之义，提出了多种中和说。儒家一系的中和说，是在性命说的理论背景下着重解决人的情感外发及其作用如何得当的问题。刘向、程颐、朱熹、王阳明、黄宗羲等人都有中和说。

先看《礼记·中庸》本文的相关说法。《中庸》的中和说有两种，一种属于本体论，另一种属于实践论。前一种是儒家中和说的主流。此篇文献说："喜怒哀乐之未发谓之中，发而皆中节谓之和。中也者，天下之大本也；和也者，天下之达道也。致中和，天地位焉，万物育焉。"很明显，"中"和"和"两个概念均是就喜怒哀乐的情感来说的，"中"就未发言之，而"和"就已发言之。"中"兼具"内"与"不偏不倚"两义。"中"是大本，"和"是达道，"致中和"是工夫及其所至境界。郑玄注曰："中为大本者，以其含喜怒哀乐，礼之所由生，政教自此出也。"郑玄将"中"所含的情感作为礼乐、政教之本，这是比较符合先秦儒学传统的。《中庸》又说："君子和而不流，强哉矫！中立而不倚，强哉矫！国有道，不变塞焉，强哉矫！国无道，至死不变，强哉矫！"这段话将"中和"作为道德实践的尺度或原则来看待。

再看汉人的中和说。中和、中正，是汉代流行的核心价值。以中和为养生的基本原则或作为材性品第的标准，这是汉人的通义。而这一点，其实与汉代流行的气化论哲学颇有关系。《春秋繁露·循天之道》《法言·先知》《论衡·率性》《申鉴·政体》《人物志·九征》《老子河上公章句·无为》等均有相关说法。《春秋繁露·循天之道》曰："是故能以中和理天下者，其德大盛；能以中和养其身者，其寿极命。"《人物志·九征》曰："凡人之质量，中和最贵矣。中和之质，必平淡无味。"刘向的中和说则比较例外，《论衡·本性》篇引刘向曰："性，生而然者也，在于身而不发；情，接于物而然者也，出形于外。形外则谓之阳，不发者则谓之阴。"性为未发，情为已发，未发谓之阴，已发谓之阳，此种思路受到了《中庸》未发已发说及汉人阴阳观念的双重影响。刘向中和说与宋儒的中和说比较接近，前者开了后者的先河。

又看理学的中和说。理学的中和说以程颐和朱熹的说法最为重要。《二程遗书·伊川先生语四》曰："或曰：'喜怒哀乐未发之前求中，可否？'曰：'不可。既思于喜怒哀乐未发之前求之，又却是思也。既思即是已发。思与喜怒哀乐一般。才发便谓之和，不可谓之中也。'"这段对话辩论中和，属于工夫论进路。有人询问喜怒哀乐未发之前求中可否的问题，程子回答说，求中必用思，而思即是已发，故思于未发之前求中，这在逻辑上是不通的。程子认为，未发之前的工夫应当是涵养，而不是思求。朱子《中庸章句》曰："喜怒哀乐，情也。其未发，则性也，无所偏倚，故谓之中。发皆中节，情之正也，无所乖戾，故谓之和。大本者，天命之性，天下之理皆由此出，道之体也。达道者，循性之谓，天下古今之所共由，道之用也。此言性情之德，以明道不可离之意。"朱子以性情论解释了《中庸》的未发已发说，正式建立了理学中和说的基本解释框架。

最后看心学的中和说。心学的中和说以王阳明、黄宗羲为代表。王阳明说："人性皆善，中和是人人原有的，岂可谓无？但常人之心既有所昏蔽，则其本体虽亦时时发见，终是暂明暂灭，非其全体大用矣。无所不中，然后谓之大本；无所不和，然后谓之达道；惟天下之至诚，然后能立天下之大本。"（《传习录上》）王阳明从工夫角度对何谓中、何谓和作了定义，并认为中和工夫有高低久暂之别，惟天下之至诚"能立天下之大本"。在《答董吴仲论学书》中，黄宗羲总结和批评了三种宋明儒的"致中和"主张，他继承刘宗周的观点，认为"致中和"的工夫在于"诚意"；而"意为心之所存"，是心的本体，而不是作为心之所发者。

总之，中和是古人所推崇的重要价值观念和方法论。从先秦至两汉，中和主要作为价值观念来使用；但从宋代开始，新儒学沿着《中庸》情感之未发已发套路，将中和说推进为一种在思想上不断发展、深化的工夫论。中和工夫论是宋明儒学的重要理论贡献之一。

四、太 和

"太和"，义为极其和谐。大约说来，"太和"在古书中有两种用法：一种指宇宙大和谐，另一种指政治大和谐。这两种用法相混合，产生了"太平气"这样的词汇。宇宙大和谐包括气论与性命论两种路数，而政治大和谐则包括人类、国家治理的大和谐及政治化的天人和谐，且此种"太和"具有境界义。"太和"一词产生于先秦，汉代"太和""太平"观念很流行，宋代以后张载等人用"太和"来描述宇宙本体的存在状态。

先看性命论的"太和"说。《乾卦·彖传》曰："乾道变化，各正性命，保合太和，乃利贞。首出庶物，万国咸宁。""太和"一词最先见于本段引文。春秋末至战国早期，性命论兴起。性命论是天命论的下落、转进和内在化。"乾道"即天道，天道是性命的本源，"变化"即生化。"保合太和"是就气化流行来说的，指万物各自保合禀受其在己的太和之气，如此则性命不失。在这段引文中，"太和"有两义，一指在物内的冲和之气，一指极其和谐的社会存在状态，《乾卦·彖传》曰"万国咸宁"，即演绎此义。

与性命论的太和说相关，古人认为和气或太和之气流行于天地之间，是人和万物的生命本源。养生即是保持此和气，体气有渗则病伤，和气丧失则死亡。《礼记·郊特牲》曰："阴阳和而万物得。"《论衡·气寿》曰："圣人禀和气，故年命得正数。气和为治平，故太平之世，多长寿人。"同书《订鬼》曰："气和者养生，不和者伤害。"《老子河上公章句·戒强》曰："'人之生也柔弱'，人生含和气，抱精神，故柔弱也。'其死也坚强'，人死和气竭，精神亡，故坚强也。'万物草木之生也柔脆'，和气存也。'其死也枯槁'，和气去也。"《朱子语类·孟子三》曰："人皆自和气中生。天地生人物，须是和气方生。要生这人，便是气和，然后能生。人自和气中生，所以有不忍人之心。"这些引文都说明了，道家和儒家都以"和气"为生命的本源，具有宇宙生成论的意义。

再看气论的太和说。气论意义上的"太和"概念是从"和气"提升起来的。"和气"概念出自通行本《老子》。《老子》第四十二章曰："万物负阴而抱阳，冲气以为和。""和"或"和气"是万物当下存在的本原。随后，"和气"上升为宇宙论概念，宇宙和谐的观念在中国古代很流行。《淮南子·泛论》曰："天地之气，莫大于和。和者，阴阳调，日夜分，而生物。春分而生，秋分而成，生之与成，必得和之精。"《淮南子》这段话极具概括性，"和"是宇宙生化流行的应然法则，"和之精"指太和精气，万物得此太和精气即以生以成。王符在《潜夫论》中更直接地提出了"和气生人"的命题。严遵提出了天地万物生成的四因说，《老子指归·上德不德篇》曰："道为之元，德为之始，神明为宗，太和为祖。"其中的"太和"即指太和之气，是万物的生成本原。在《正蒙·太和篇》中，北宋哲学家张载进一步提升了"太和"概念的定位，"太和"或太和之气即为宇宙生化的本原。

最后看作为政治大和谐的"太和"概念。政治大和谐的观念起源很早，《尚书·尧典》曰："百姓昭明，协和万邦。"《乾卦·象传》曰："首出庶物，万国咸宁。""协和万邦"与"万国咸宁"同义，都是指政治大和谐、天下太平。"太和"和"太平"也具有政治境界义。在先秦秦汉时期，"太和"或"太平"可以单纯指国家、社会治理所达到的大和谐理想境界，且在更多时候，它们置身于天人关系或天人感应的思想背景中。《咸卦·象传》曰："天地感而万物化生，圣人感人心而天下和平。""感应"是宇宙之理，"感通"是其"感应"

的一种形式。圣人的感通与天下和平有因果关系。汉代的太和说或太平说，常常带有神性的天人感应特征。如公孙弘在《举贤良文学对策》中说："臣闻之，气同则从，声比则应。今人主和德于上，百姓和合于下。故心和则气和，气和则形和，形和则声和，声和则天地之和应矣。故阴阳和，风雨时，甘露降，五谷登，六畜蕃，嘉禾兴，朱草生，山不童，泽不涸，此和之至也。故形和则无疾，无疾则不夭，故父不丧子，兄不哭弟。德配天地，明并日月，则麟凤至，龟龙在郊，河出图，洛出书，远方之君莫不说（悦）义，奉币而来朝，此和之极也。"这段话很经典，它首先认为"感应"是宇宙之理，其次按照心和→气和→形和→声和→天地之和列出了前感后应之序，再次具体描述了天地之和的瑞应，而瑞应表示"和之至"和"和之极"。从人感天应，及休征祥瑞并现来看，此天是神性的天。公孙弘所描述的"和之至"及"和之极"的境界当然属于太平或太和的政治境界。这种人大其心而能感通天地，乃至达到太和状态，在宋儒周敦颐《通书·乐中》"天地之气感而太和焉"中仍能读到。

五、和　谐

"和"或"和谐"是中华民族贡献给人类的核心价值，它贯通于自然、社会、人生、政治、经济、道德和文化之中。而围绕"和"，中国古代哲人和各界精英都做了大量思考，提出了许多有价值有意义的命题。上述各节所述古人对于和同、同异关系的比较和议论，对于中和问题的思考，以及对于太和说的阐述，都无疑是围绕"和"这一关键概念展开的。综合起来看，古人的观点可以归纳如下：

其一，"和"或和谐是宇宙生成和天地万物存在的必要条件。通行本《老子》第四十二章曰："万物负阴而抱阳，冲气以为和。"老子从道生论出发，认为阴阳和气是万物生成及其存在的前提条件。《乾卦·象传》从性命论出发，认为性命与形体"保合太和"，才有利于事物的生成和发展。不仅如此，在先秦时期，古人已认为"和谐"是内在于自然事物而使之生成的特性。在"和"的基础上，古人进一步提出了"太和"概念，"太和"即极其和谐之义。严遵及汉末《太平经》都将"太和"肯定为宇宙法则，天地万物的生成都必须依赖于此一法则，并被看做万物生成的本原之一。北宋哲学家张载的太和说即继承了此种思想。《吕氏春秋·大乐》曰："万物所出，造于太一，化于阴阳。萌芽始震，凝潫以形。形体有处，莫不有声。声出于和，和出于适。和适，先王定乐，由此而生。"这段话是说，万物的形体在现实中落实下来没有不发出声音的，而声音出自于和谐，和谐出自于适宜，和谐与适宜是先王制定音乐的两个基本原则。从这段话来看，不仅和谐、适宜是先于制乐而存在，是客观的法则，而且追本溯源，它们都出自终极始源"太一"。

其二，"和"或和谐是生命存在的本原。得"和"即意味着生存，失"和"即意味着死亡。《管子·内业》曰："凡人之生也，天出其精，地出其形，合此以为人。和乃生，不和不生。"这段话说得很直白，"和"指精气与形体的和合、和谐。生命的和谐有两层，一种是体气或肉体的自然和谐（生理和谐），一种是心理的和谐，包括精神与肉体的和谐。从养生看，后者所承担的角度更重要。通行本《老子》第五十五章曰："（赤子）终日号而不嗄（嘎），和之至也。知和曰常，知常曰明，益生曰祥，心使气曰强。""知和曰常，知常曰明"两句，简帛本作"和曰常，知和曰明"，当从简帛本。这段话认为，"和"或"知和"是养生的关键，养生应当自然，既不能用益生之法也不能用"心使气"之法来养生。身体和谐、体气精和、心理和平、行为适中，这是养生延年、身体健康的基本方法和观念。相关文献可参看《国语·周语下》《吕氏春秋·适音》《难经·藏府配像》等。而《庄子·天道》所说"人乐""天乐"的生命境界，也以"与人和"和"与天和"为基础。

其三，"和"或和谐是贯穿于国家治理和社会管理的基本政治原则。郭店简《尊德义》曰："善者民必富，富未必和。不和不安，不安不乐。"达到"和"或和谐，是国家治理和社会管理的一个重要目标。"和"是使民和，构建和谐社会，而"和"是人民幸福快乐的前提。从工具看，儒家主张以乐和民。《诗经·商颂·那》曰："既和且平，依我磬声。"《小雅·鹿鸣》曰："鼓瑟鼓琴，和乐且湛。"从德行看，儒家其实主张以德以仁和民。《左传·鲁隐公四年》曰："臣闻以德和民，不闻以乱。"同书《鲁僖公五年》曰："如是，则非德民不和，神不享矣。"

军事是政治的继续。军队要打胜仗，内部团结是很重要的。《左传·鲁桓公十一年》曰"克在和，不在众"，《孟子·公孙丑下》曰"天时不如地利，地利不如人和"，都认为"人和"是战争胜利的必要条件和关键因素。

其四，"和"或和谐是处理义利关系的一个高级原则。社会是否公平正义，这需要用"和"来处理义利关系。国家是否安定，人民是否和谐幸福，在很大程度上系于国家和社会的总体经济状态及其财富分配。从纯粹逻辑的立场来看，义是利益获得的绝对准则，或者说所有利益的获得都应当奠定在正义的基础上。《礼记·大学》说"国不以利为利，以义为利"，就是这种"义"至上主义的利益获得、享有和分配观念。但此种观念在一定条件下会忽视甚至挤压社会弱势群体的利益需求，进一步影响社会稳定和削弱国家统治的群众基础。因此，孔孟等儒家以"仁"观念来补救之。"仁"在人文层面是讲求人本，在心理层面是讲求恻隐，在经济层面是讲求施惠让利，与民共利。《乾卦·文言》曰："利者，义之和也……利物足以和义。""利者，义之和也"是对于"元亨利贞"之"利"字的解释，"物"在此指人民，"利物"即利顺于人民。"利物足以和义"即是说，利顺于人民，即足以和合于义。或者说，和于义，即在于社会财富的分配和享有是否有利于人民，是否顺遂于民心。实际上，社会是否和谐，国家是否稳定，其基础即在于利益如何分配和享有。《论语·季氏》载孔子曰："不患寡而患不均，不患贫而患不安。""寡"即"贫"之义。《孟子·梁惠王上》曰"王何必曰利"，这都是重视"利"的社会性和人民性。总之，《乾卦·文言》将利益的正当获得与享有，转化为利益的合理分配和共享，并以"和"来处理此一问题。

其五，"和"或和谐是国家、社会是否和谐稳定、人民是否快乐的道德准则。儒家和墨家等都意识到此一问题，但儒家的意识更强烈。一般说来，家庭、社群、国家和天下的存在都需要和谐团结的局面作为其基础。而如何做到和谐，这不仅是利益诉求的问题，而且涉及伦理秩序和道德教养问题。儒家以仁义为德行规范，以礼乐为手段。《论语·学而》载有子曰："礼之用，和为贵。先王之道，斯为美。"宋儒朱熹以"吾心安处便是和"诠释了有子"礼之用，和为贵"的说法，云："礼如此之严，分明是分毫不可犯，却何处有个和？须知道吾心安处便是和。如'入公门，鞠躬如也'，须是如此，吾心方安。不如此，便不安；才不安，便是不和也。以此见得礼中本来有个和，不是外面物事也。"（《朱子语类·论语四》）朱子在此深入到道德心理层面来解释了社会和谐问题，而宋明儒学特别强调工夫论，这是有原因的。竹书《五行》是子思子的著作，它是一篇论述内在道德修养及其身心和谐问题的专文，提出了"慎独""为一"的工夫及"为善""为德"的道德境界。"慎独"是舍弃德之行的五行而专门谨慎其内心（"舍夫五而慎其心"），"为一"则是通过"慎独"工夫而使此德之行的五行和谐为一（"以夫五为一"）。"慎独""为一"是"为德"工夫，而"为德"是"慎独""为一"的境界。"为德"的境界，是指德之行的仁、义、礼、智、圣五行达到和谐如一的状态，竹书曰"德之行五和谓之德"。"为善"的境界，是指德之行的仁、义、礼、智四行达到和同的状态，竹书曰"四行和谓之善"。孟子说人性善及其修养，即着重继承和发挥了《五行》"四行和谓之善"一说。

其六，"和"或和谐是定义天人关系的应然法则。天人和谐包括宇宙生成论意义上的本然和谐和责任意识上的应然和谐。在中国古代，天人和谐通常表现为天人感应和天人感通两种形式。感应本是彼此联系和作用的两个主体的基本特性，具有普遍性；但是，在神化或人格化的自然观中，感应往往以人感天应的形式出现，且垄断神权的人君是"感"的一方。天人感通是天人感应的深进版，发源于《系辞传》（"感而遂通天下之故"），宋代开始流行。天人感通说大大增加了人的主体性，提高了人的意志力量和主体能力。它认为通过工夫实践人的意志、良心和能力可以感动并打通"天"的一方，让"天"按照人的意志产生回应。当然，宋儒所说的"天"基本上已经被客观化了，不具备神性特征，理学家即认为鬼神不过是二气之良能。宋儒极力强调工夫论的重要性，这与天人感通说是一致的。而在无神论流行的当代中国，天人和谐已经转变为人与自然（nature）的和谐。人与自然的和谐，是当代世界的一个重大问题，其重要性是毋庸置疑的。

总之，"和"或"和谐"是中华文明的核心价值观念。从当今世界来看，"和"具有普世性。文明的存续、社会的稳定、人类的共生以及人与自然的相处，都离不开"和谐"原则。而"求同存异"和"和而不同"两大主张无疑都体现了"和"的精神和价值。

[本书"引言""和同篇""同异篇"的撰稿工作由丁四新担任；"中和篇""太和篇"的撰稿工作由王政杰（清华大学）担任；"和谐篇"的撰稿工作由赵乾男（清华大学）担任。全部条目由王政杰搜集，并作了初步分类，丁四新对部分条目作了审订和调整。丁四新又对王、赵两位的稿子作了一定审订。]

第一篇

和同篇

在政治活动中，决策有对错可否的问题；在道德实践上，行为有善与恶的问题；在知识领域，学问有一本与万殊的问题。三者均以「是非」贯之。「是非」之争常常会受到权威（政治权威、道德权威和知识权威）的严重影响，故在权威面前人们会选择「同」或「异」的态度。但「真实」本身与权威的判断未必一致，故求真和辨是非即必须基于「和」的态度，肯定人们发表不同意见的权利和价值。史伯提出「和实生物」，晏婴提出「以火济水」，孔子提出「和而不同」，乃至宋人提出「是非在理，不在同异」的观点，都是对于此一问题的很好回答。

史伯论和实生物

公曰："周其弊乎？"对曰："殆于必弊者也。《泰誓》曰：'民之所欲，天必从之。'今王……去和而取同。夫和实生物，同则不继。以他平他谓之和，故能丰长而物归之。若以同裨同，尽乃弃矣。故先王以土与金木水火杂，以成百物。"

——《国语·郑语》

|注释|

〔1〕《国语》：相传为春秋时期的左丘明所撰。该书以国为类别，以语为主要内容，故称《国语》。

〔2〕郑桓公：姬姓，名友，周宣王异母弟，郑国初封君主，前806—前771年在位。他曾担任周室司徒。

〔3〕史伯：西周末期周室史官，生卒年不祥。他提出了"和实生物，同则不继"的著名命题，并影响了晏婴和孔子的思想。

|译文|

郑桓公说："周室要衰败吧？"史伯回答道："周室近乎必定衰败了。《泰誓》说：'民之所欲，天必从之。'如今，吾王……舍弃那些能与自己相和济之人，而选择那些与自己完全同欲恶的人。和调不同的质料而可以生成新事物，但如果质料完全相同，就无法继生新事物了。以相异之物均齐另一不同事物，这叫做'和'；以此法为治，所以能够使万物丰大、生长，而人民会归附于人君。如果以同一物裨益相同事物，此物最终会穷竭的，（而不会生生不已，）于是人民就会背弃人君。所以先王以土与金、木、水、火相杂，以生成万事万物。"

┃解析┃

　　这段对话发生在郑桓公担任周室司徒时期，是古人论述和同问题的开始。在答文中，史伯阐明了为何周朝"必弊"的原因。在史伯看来，其原因主要在于周幽王"去和而取同"，亲小人而远贤人，听不进不同意见。与周幽王相对，史伯主张"取和而去同"。"和"的原则为什么很重要？这是因为"和实生物，同则不继"。什么是"和"？以他者他物的存在为前提，以不同的事物均平此物，如以土与水相杂交，这就叫做"和"。在史伯看来，人君治理天下国家即应以"和"为基本原则。"和"是事业成功和国家生存发展的源泉。食物以五味故可食，音乐以六律五声故可听，人君治理国家，同样应当听取不同意见。什么是"同"？以水济水、以火济火，即是"同"。君曰可，臣亦曰可，君曰否，臣亦曰否，这就是"同"。"同"或者是人君一人的专擅独断，听不进任何不同意见，或者是人臣的有意逢迎，消解自我，从而谋取个人的私利。这种"同"，很显然不是上下同心同德的"同"。

　　总之，史伯提出的"和实生物"命题，肯定了相异相杂的必要性，目的指向事物的生成。这一原理应用于政治生活中，即是要求上级领导以"和"来对待和考虑不同意见，以便作出正确的决策。

晏婴论和与同异

公曰:"唯据与我和夫!"晏子对曰:"据亦同也,焉得为和?"公曰:"和与同异乎?"对曰:"异。和如羹焉,水、火、醯、醢、盐、梅以烹鱼肉,燀之以薪,宰夫和之,齐之以味,济其不及,以泄其过。君子食之,以平其心。君臣亦然。君所谓可而有否焉,臣献其否,以成其可;君所谓否而有可焉,臣献其可,以去其否,是以政平而不干,民无争心……今据不然。君所谓可,据亦曰可;君所谓否,据亦曰否。若以水济水,谁能食之?若琴瑟之专壹,谁能听之?同之不可也如是。"

——《左传·昭公二十年》

注释

〔1〕《左传》:《春秋》三传之一,儒家十三经之一,相传为春秋末期鲁国史官左丘明所作。

〔2〕晏婴:又称晏平仲,是春秋末期齐国的著名政治家和思想家。

〔3〕梁丘据:名据,字子犹,姜齐后裔。他深受齐景公赏识,受封于梁丘,故以梁丘为姓氏。

译文

齐景公说:"只有梁丘据与我相和啊!"晏子回答说:"梁丘据不过是同罢了,哪里算得上是和呢?"齐景公说:"'和'与'同'不相同吗?"晏子回答说:"不同。'和'就像做羹食,以水、火、醯、醢、盐、梅之物来烹煮鱼肉，用柴薪燀烧，厨师调和之，均平其味道，增加其不及而减少其多余的味道。君子食用此调和之羹，以均平其心情。君臣为政也是如此。人君说可，但其中还存在不可之处，人臣即有责任进献其不可的意见，以成就人君的纯可；人君说否，人臣进献其可的意见，以去掉人君确实不当的否定。所以国家的政治于是均平，没有人违犯政令，而民人没有争斗之心。……现在梁丘据不是这样的。主君说可，梁丘据也说可；主君说否，梁丘据也说否。这就好像以水济水一样，谁能够吃这种食物呢？这将好像琴瑟全都只弹奏一种声音一样，谁能够听这样的音乐呢？不赞成'同'的原因也是如此。"

解析

　　本选段的思想与史伯论"和实生物"一段相一致，其重点是晏婴分析和区别了"和""同"两个概念。什么是"和"？晏婴以做羹食为例。做羹食，必须以不同调味品来烹煮鱼肉，这即是"和"。其实，为政也是如此，人君和臣下应当切磋其可否，这样才能够得出正确意见和作出正确决策。什么是"同"？晏婴以梁丘据为例。齐景公说可，梁丘据也说可；齐景公说否，梁丘据也说否，这就是"同"。而梁丘据不愿提出不同意见，其实出于其私心，目的是为了取悦齐景公。在晏子看来，"同"好像以水济水来做羹食或以一个声调来弹奏琴瑟一样，只准臣下的唯唯诺诺，而不准发表不同意见，这是无法取得事业成功的。"同"只会招致众多的媚言、谗言，大家人云亦云，唯权力是听，唯私利是求，而不利于人君面向客观实际，作出正确的判断和决策。可以推知，晏子同样主张"去同而取和"。总之，"和"是万物生成和事业成功的法则，而"同"则是导致万物穷竭而事业失败的根源。

孔子论周而不比

子曰：“君子周而不比，小人比而不周。”

——《论语·为政》

注释

〔1〕孔子：名丘，春秋晚期鲁国人，是儒家学派的创始人，被尊称为圣人。

〔2〕《论语》：“论”音 lún，是汇集言语的意思。此书是对孔子及其弟子言行记录的汇集。

〔3〕周、比：忠信为周，阿党为比。周、比二字义近，都有亲近的意思，但有褒贬之别。

译文

孔子说：“君子亲近忠信，但不阿党营私；小人阿党营私，但不亲近忠信。”

解析

在本段语录中，孔子在区分君子和小人的基础上对“和”道作了推演。其一，君子忠信于人，与人亲近，且与人亲近本身即是目的。小人反是，与人亲近是手段，而其目的则是为了谋取自身利益。其二，君子与人亲近，出于公心，而小人与人亲近，则出于私利，二者的出发点不同。总之，“周”是彼此信任，关系和睦，而“比”则是彼此攀附，相互利用。很显然，孔子褒扬前者而贬斥后者。

孔子论和而不同

子曰："君子和而不同，小人同而不和。"

——《论语·子路》

注释

〔1〕君子、小人：《论语》的君子和小人，有以位言和以德言两种。本段及上段的君子和小人都以德言。

〔2〕和、同：是春秋时期的两个术语，参见《国语·郑语》史伯论"和实生物"和《左传·昭公二十年》晏子论"和与同异"两段文字。"和"，和谐，其含义是臣下发表不同意见，以供人君参考。从深层次来说，"和"必出于公心而提出不同意见。"同"，相同，其含义是无原则的附和和奉承，臣下不愿发表自己的真正看法。

译文

孔子说："君子献出自己的不同意见，以调和、纠正权威的不当或错误意见，而不会曲意附和、奉承权威的意见。小人曲意附和、奉承权威的意见，而不肯发表自己的不同意见。"

解析

孔子所说"君子和而不同，小人同而不和"两句话，与《国语·郑语》"史伯论和实生物"和《左传·昭公二十年》"晏子论和与同异"两段话是一脉相承的。这两句话可能包含从政治言和从处世言两个语境。"和"与"同"是人面对权威（如政治权威、社会权威、知识权威、道德权威和宗教权威）时表达自己意见的两种立场和原则，其本质区别在于前者以"公义"为轴心，而后者以"私利"为根本出发点。"和"的前提是肯定差异的存在，是处理差异的实践性原则，其目的是为了寻求真实本身及事业的成功，并防止错误的发生和失败的出现。因此，"和"要求人必须具备公义公心，具有大忠大信的美德。与"和"相对，"同"则是刻意隐藏自己的真实见解，而有意讨好他人，讨好权威，无原则地服从他人，服从权威，其结果是放任错误的发生，导致事业的失败。所以孔子认为，一个在政治上和立身处世上有道德的人，应当坚持"和而不同"的原则。

孔子论乡愿

子曰："乡原，德之贼也。"

—— 《论语·阳货》

▌注释▐

〔1〕乡原："原"音 yuàn，通"愿"，义为谨慎，在本则语录中指"愿人"。"乡愿"指一乡之人皆称誉的愿人。乡愿为人处世极其谨慎谦恭，唯恐得罪人，四面讨好，故一乡之人皆称誉之。"乡愿"即俗话所说的好好先生。

▌译文▐

孔子说："乡愿是道德的戕害者。"

▌解析▐

"乡愿"就是不讲原则、不讲是非的好好先生。对于这种人，孔子和孟子都痛恨之。从表面上来看，乡愿是无原则的讲求和谐，无原则地屈己从人，四面讨好，以博取民心，团结他人；但实际上，乡愿四面讨好、做好好先生的真正目的，其实是为了掩盖自己的私心和个人利益。乡愿是典型的两面人，其外在表现与其内心欲求是完全相反的。孔子一方面主张仁者爱人，但是另一方面说"巧言令色，鲜矣仁"（《论语·学而》），又说"唯仁者能好人，能恶人"（《论语·里仁》），由此可知，孔子是要人坚持道德原则和底线的，而不是要人做好好先生。

孟子论乡愿

万子曰：“一乡皆称原（愿）人焉，无所往而不为原（愿）人，孔子以为德之贼，何哉？”曰：“非之无举也，刺之无刺也，同乎流俗，合乎污世；居之似忠信，行之似廉洁，众皆悦之，自以为是，而不可与入尧舜之道，故曰‘德之贼’也。”

——《孟子·尽心下》

注释

〔1〕万子：姓万，名章，孟子的重要弟子之一。

〔2〕《孟子》：《四书》及儒家十三经之一，由孟子与其弟子万章、公孙丑等人一起叙定，主要反映了孟子的思想。

〔3〕孟子：名轲，战国中期邹国人，先秦儒家的重要代表，著作有《孟子》。孟子的思想集中在性善论和仁政王道学说上。

译文

万子说：“全乡的人都称说他是一个愿人，他也到处表现得是一个愿人，不过孔子竟然认为这种人是道德的戕害者，这是为什么呢？”孟子说：“这种人，要非难他，却没有什么大的过错可供列举；要讥刺他，却无什么大的恶行可供讥刺。他同于流俗，合于污世（俗世怎么样他就怎么样，全然不问对错）。他闲居在家似乎忠诚可信，出仕为官似乎廉正清洁，众人都喜欢他。他自以为是，然而不能够与他一起进入尧舜的大道，所以说乡愿是戕害道德的人。”

▎解析▎

本段话是孟子对于孔子所谓"乡原，德之贼也"的解释。在上下文中，万章和孟子问答了什么是"狂""狷"和"乡愿"三种人格。"狂"是指狂放耿直的人，"狷"是指洁身自好而有所不为的人，"乡愿"是指放弃是非原则而故意表现很诚谨可信的好好先生。孟子同孔子一样，严厉批评了乡愿这种人。乡愿为什么可憎可恶？这是因为他与人相处，刻意采取"同"的办法而隐瞒真实的自我，"同乎流俗，合乎污世"，且表现得似乎颇有德行的样子（"居之似忠信，行之似廉洁"）。在孔孟看来，这种人不但丧失了君子人格应有的道德立场和是非原则，而且做出了很坏的榜样，妨碍了人们在道德上的积极上进，妨碍了人们进入尧舜之道，所以说乡愿是"德之贼"。孔孟认为，能否坚持仁义之道，是狂、狷、乡愿三种人格的判准。进一步，如何坚持仁义之道？孔孟主张"和"法，而非"同"法。"同"是无原则的和谐，而"和"是有原则、允许不同的和谐。"乡愿"以"同"法与人相处，四处讨好，故为好好先生；而君子、圣人则坚守中道，以"和"法随时而中，力求其所言所行皆合乎仁义之道。

君子亦仁而已矣何必同

孟子曰："居下位，不以贤事不肖者，伯夷也；五就汤，五就桀者，伊尹也；不恶污君，不辞小官者，柳下惠也。三子者不同道，其趋一也。一者何也？曰：仁也。君子亦仁而已矣，何必同？"

——《孟子·告子下》

注释

〔1〕不肖："肖"音 xiào，相貌相似。《说文·肉部》："肖，骨肉相似也。不似其先，故曰不肖也。"

译文

孟子说："居于卑贱之位，而不愿以一己贤能之身服事不肖之徒，这是伯夷；五次趋就商汤，五次趋就夏桀，这是伊尹；不厌恶污秽的君主，不推辞卑微的官职，这是柳下惠。这三位先生的行己方法虽然不同，但是他们的志趣（目的）是同一的。这个'一'是什么呢？应当说，就是仁。君子不过遵从仁罢了，为什么其言行举止一定要完全相同呢？"

解析

这段话的思想要点在于"君子亦仁而已矣，何必同"两句，一是志趣和操守必须为仁，二是人生在世的言行举止不必相同。或者说，一个人只要坚守了仁，在其行为活动中完全践行了仁，他就是圣人。《孟子·万章下》曰："伯夷，圣之清者也；伊尹，圣之任者也；柳下惠，圣之和者也；孔子，圣之时者也。"孟子在此区分出四种圣人人格典范，一是圣之清者伯夷，二是圣之任者伊尹，三是圣之和者柳下惠，四是圣之时者孔子。这四种圣人虽然各有其精神气质及其言行举止，但是无碍于他们都遵从了"仁"的原则。而孔子"和而不同"的主张即在一个新的场景中展现出来。故"和而不同"的"和"，是有原则的和，是一个人的言行举止虽有差异但其道德操守以"仁"为原则的和。

以水和水不可食

以水和水不可食，一弦之瑟不可听。

——《淮南子·说林》

注释

〔1〕《淮南子》：又名《淮南鸿烈》，是由淮南王刘安及其门客共同编撰的，《汉书·艺文志》将此书列入杂家。

〔2〕以水和水不可食："和"是调和、结合之义。烹煮食物，仅有水不成，还需要有火，只有水火结合，才能烹煮食物，所以本句说"以水和水不可食"。

译文

以水调和水的办法做出来的食物，不可以食用；只有一根丝弦的瑟弹奏出来的声音，不可以听赏。

解析

《淮南子·说林》这两句话的意思，与史伯所说"和实生物，同则不继"的意思一致，不过有正说与反说的不同。《说林》这两句话直接从晏子论"和与同异"中化出来。"和"是"以他平他"，是不同实体或事物的结合；而"同"则是"以同裨同"，是单一实体或事物的结合。从古代五行哲学来看，前者是事物生成的法则，而后者则是事物断绝不生的原因。从经验世界来看，烹煮食物，仅有水不成，还必须有火，水火相和才能烹煮食物；用瑟弹奏音乐，仅有一弦不成，必须有多根丝弦配合才能弹奏出美妙的音乐。总之，"和"是说相异因素的调和与和谐作用，服务于生生的目的。"同"则是单一元素或因素的叠加，从宇宙生成论的哲学来看，它无法使事物生成。

君子欲和人

夫仁者好合人，不仁者好离人。故君子居人间则治，小人居人间则乱。君子欲和人，譬犹水火不相能｛然｝也，而鼎在其间，水火不乱，乃和百味。是以君子不可不慎择人在其间。

——《说苑·杂言》

注释

〔1〕《说苑》：由刘向编撰，共20篇，记述了春秋战国至汉代的逸闻轶事，抄录了大量格言警句，主要体现了儒家的哲学、政治和伦理思想。

〔2〕刘向：原名刘更生，字子政，刘歆的父亲；西汉后期著名经文家、思想家、文学家和目录文献学家，成帝时总领校书。

〔3〕"譬犹水火不相能然也"下四句：《淮南子·说林》篇有相近文句，曰："水火相憎，鐪在其间，五味以和。"高诱注："鐪，小鼎。又曰：鼎无耳，为鐪。""相憎"即相反之义。"不相能"与"相憎"同义。"然"字当为衍文。

译文

仁者喜欢和合人，不仁者喜欢离间人。所以君子处于人间（执掌权力），则天下治平；小人处于人间（执掌权力），则天下坏乱。君子想要和合人，这譬如水火二物不能取代彼此的功能，而鼎处于其间，（火在下、水在上）水火之序不相乱，于是可以调和百物。所以君子不可以不谨慎地选择人，置于其间。

解析

　　本段选文的中心观点是"君子不可不慎择人在其间"。而为何君子不可不谨慎地选择人在其间呢？这是一个问题。本段文字将人分为对立的两种：一种是仁者，另一种是不仁者；或者说，一种是君子，另一种是小人。需要指出，仁者、不仁者单纯以德行分别之，而君子、小人则兼德位而言之。仁者的特点是喜好和合人、团结人，不仁者的特点是喜好离间人，以破坏社会关系为自己的喜好。正因为如此，本段文字认为，君子应当居处人间执掌权力，而小人则不应当居处人间执掌权力。如果君子居处人间执掌权力，则天下治平；而如果小人居处人间执掌权力，则天下坏乱。在刘向看来，君子治世的本意是想"和人"，让天下达到治平境界。刘向还区别了"和""合"两个概念，"和"与"同"对，"合"与"离"对；"和"是方法论原则，而"合"是其目的。君子即以"和人"来"合人"，进而达到天下治平的政治目的。所谓"和人"，就好像有水有火，而置鼎于其间一样，水在上（鼎中），火在下，如此来烹煮食物，调和百味。从中，可以看出"和人"包含两个要素：一是有水有火，而不是仅有水或者仅有火；二是置鼎于其间，水在上而火在下，如此才可以烹煮食物，调和百味。从原文来看，"置鼎"是实现"水火不乱"的关键一环。其实，水、火、鼎都是比喻，它们比喻三种人，"鼎"所比喻者就是那种调和水火而使其发挥相反相成作用的关键人物。由此，《说苑》提出了"君子不可以不慎择人在其间"的观点。

得由和兴失由同起

夫事有违而得道，有顺而失义，有爱而为害，有恶而为美。其故何乎？盖明智之所得，闇（暗）伪之所失也。是以君子之于事也，无适（敌）无莫（慕），必考之以义焉。得由和兴，失由同起。故以可济否谓之和，好恶不殊谓之同。……是以君子之行，"周而不比"，"和而不同"，以救过为正，以匡恶为忠。

——刘梁《辩和同论》

注释

〔1〕刘梁：字曼山，一名岑，东汉末期人，是建安七子之一刘桢的祖父。

〔2〕《辩和同论》：东汉刘梁著，此文收于《后汉书·文苑传》。

译文

事情有违戾却合于道，有顺利却丧失了义，有爱护却为害，有丑恶却为美的情况。其原因是什么呢？大概明智者之所得与暗伪者之所失的原因是相同的。所以君子既没有固定的朋友，又没有固定羡慕的人，所有事情都一定以道义考核之。得道是由"和"导致的，失义是由"同"导致的。所以臣下以其"肯定"济成君上的"否定"，这叫做和；如果臣下的好恶跟君上没有差别，这就叫做同。……所以君子的行为准则是"周而不比""和而不同"，以纠正过错为正道，以匡正邪恶为忠诚。

┃解析┃

在《辩和同论》中，刘梁以道义作为衡量事业正确与否的根据，认为凡事均应当以道义考核之。从方法论看，得道是遵从"和"的结果，而失义则是遵从"同"的结果，刘梁说："得由和兴，失由同起。"臣下以其"肯定"意见救济君上的"否定"意见，或者以其"否定"意见救济君上的"肯定"意见，这就是"和"。很显然，"和"以尊重不同意见为前提。不过，大家的目的是一致的，君臣上下发表不同意见或看法，其实都是为了事业的成功、国家的发展和道义的严格遵守，而后一点，正是刘梁所要强调的。如果臣下以君上的所好好之、所恶恶之，那么这就是"同"。"同"是臣下完全消解自我，不发表任何跟人君不同意见。"同"容易导致决策失误、事业失败和丧失道义。进一步，刘梁提出了君子"以救过为正，以匡恶为忠"的观点。刘梁论和同，无疑突出了"道义"的重要性。

荀悦论和羹和声和言和行

君子食和羹以平其气，听和声以平其志，纳和言以平其政，履和行以平其德。夫酸咸甘苦不同，嘉味以济，谓之和羹。宫商角徵不同，嘉音以章，谓之和声。臧否损益不同，中正以训，谓之和言。趋舍动静不同，雅度以平，谓之和行。

——《申鉴·杂言上》

注释

〔1〕《申鉴》：东汉荀悦著，共5篇，集中表达了荀悦的社会政治思想。

〔2〕荀悦：东汉末期的政论家和史学家，字仲豫，著作有《申鉴》《汉纪》等。

译文

君子食用调和的羹汤以平衡其血气，倾听和谐的音乐以平衡其心志，采纳中和的言论以平衡其政治，践履和适的行为以平衡其德行。酸咸甘苦四种味道不同，却能调制出嘉美的味道，这叫做和羹。宫商角徵四种声音不同，却能演奏出美妙动听的音乐，这叫做和声。褒贬损益四种评价不同，却能训练出中正的德行，这叫做和言。趋止动静四种行为不同，却能平衡出雅正的姿态，这叫做和行。

│解析│

　　在这段文字中，荀悦阐明和定义了和羹、和声、和言、和行四个概念。这四个概念，前人都或多或少提及到了，荀悦在此作了总结。概括起来说，和羹、和声、和言、和行四者都是由不同的元素协调而成的，它们对于事物的生成和发展是非常必要和有益的。通过本段文字，荀悦突出了"和"的原则，强调了相异相反而相成之义，强调了和合不同元素或因素而生成新事物的道理。

嘉膳之和非取乎一味

大乐之成，非取乎一音；嘉膳之和，非取乎一味；圣人之德，非取乎一道。故曰：学者，所以总群道也。

——《中论·治学》

注释

〔1〕《中论》：东汉徐干著，是一部政论性著作。

〔2〕徐干：字伟长，建安七子之一，东汉末期的文学家和思想家，著作有《中论》等。

译文

大乐的完成，不是只选用一种声调；美食的调制，不是只采用一种味道；圣人之大德的成就，不是只修炼一种德行。所以说，学习是人用来总揽群道的要诀。

解析

这段话说明了"学"的重要性。在汉人思想中，"学"为博学，是对不同知识、德行的博取和总揽。徐干认为，"学习"有两个特点：一是杂取，另一是总揽。"杂取"和"总揽"的对立统一即体现了"和"的原则。"和实生物"既以杂多相异为前提，又以和谐统一和生成事物为目的。例如，大乐不是由一种声调构成的，嘉膳不是由一种食材做成的，圣人之德不是通过修养一种德行来完成的。由此，徐干阐明了"异"与"多"的重要性。

同于我者何必可爱

同于我者，何必可爱？异于我者，何必可憎？智足以立难成之事，能足以图难致之功。附者不党，疏者不遗。

——仲长统《昌言》佚文

注释

〔1〕《昌言》：东汉仲长统著。原书已散佚，今有清人严可均的辑本。它是一部政论性著作，反映了仲长统的社会政治思想。

〔2〕仲长统：字公理，汉献帝时曾任尚书郎，东汉末期的政论家和思想家，著作有《昌言》。

译文

跟我相同的人，何必觉得他可爱呢？跟我不同的人，何必觉得他可憎呢？一个人的智慧应当大到足以建立难以成就的事业，能力应当大到足以图谋难以达到的功勋。依附我者我不偏私，疏远我者我不遗忘（都同等对待，同样挂怀）。

解析

本条《昌言》佚文，见于马总辑佚的《意林》一书。这则佚文从情感角度诠释了孔子"和而不同"和"群而不党"的思想。在仲长统看来，一个真正有智慧、有才能的人，能用自己的智慧和能力控制其情感和好恶，好恶必须受到实践智慧的主宰。所以跟我相同的人，我不必觉得他可爱；跟我不同的人，我不必觉得他可恨。仲长统所说的"同于我者",既可能指跟我意见相同的人,也可能指跟我关系亲近的人;"异于我者",既可能指跟我意见相左的人,也可能指跟我关系疏远的人。而一个真正想成就大事业、大功绩的人,应当发挥"和"的精神,做到宽容博纳和公正无私。此则佚文的"和"思想,受到了孔子"和而不同"(《论语·子路》)和"群而不党"(《论语·卫灵公》)说的影响。人应当于"和"中做到公正和理智,而不是相反受到个人好恶的控制。这一点是仲长统论"和",与他人不同的地方。

同己不与异己不非

世治不轻，世乱不沮；同己不与，异己不非。其特立独行有如此者。

——《孔子家语·儒行》

注释

〔1〕《孔子家语》：简称《家语》，今传本共 10 卷 44 篇，是一部记述孔子及其弟子思想言行的著作。此书大部分内容传抄自先秦旧籍，但经过了王肃的编纂和加工，实际上是一部新书。

译文

天下治平而不感到自己轻微，天下混乱而不感到自我沮丧；即使与自己观点相同也不有意亲近他，与自己观点不同也不有意非难他。儒者特立独行，有像这样的。

解析

这段文字主要描述了两种特立独行的儒者生命境界。"世治不轻，世乱不沮"，这是说儒者完全获得了其生命及心情的独立，达到了自由自在之境，超脱了世间治乱和个人情感忧乐的束缚。"同己不与，异己不非"，这是说儒者自我提升至纯粹道德境界的生命，其所思所想所言所行完全以道义为判准，而不被非道德的因素所左右，达到了孔子所说"君子之于天下也，无适（敌）无莫（慕），义之与比"的生命境界。如上两种生命境界也可以用"和"来作概括——和于道义。而在此种道德的和乐生命境界中，由于儒者能够立定其生命，主宰其思想言行，因此他的身心是自由的。

和羹之美在于合异

　　司牧之主，欲一而专。一则官任定而上下安，专则职业修而事不烦……大县之才，皆堪郡守。是非之讼，每生意异，顺从则安，直己则争。夫和羹之美，在于合异，上下之益，在能相济。顺从乃安，此琴瑟一声也。荡而除之，则官省事简，二也。

——夏侯玄《时事论》

注释

〔1〕夏侯玄：字太初，三国时魏国的思想家、文学家。

〔2〕《时事论》：夏侯玄著，见《三国志·魏书·诸夏侯曹传》。

译文

　　治理地方的主官，要权力集中，业务专精。权力集中则权责确定，上下级各安其分，专精则擅长业务，而政事易于处理……大县县令的才干，都比得上郡守。面对是非的辩讼，他们常常产生不同的意见，如果大县县令顺从郡守的意见，则相安无事，如果他坚持伸张己见，则相争不下。调和羹汤的美味，在于能和合不同的东西，上下级提供不同意见的好处在于能够相济，成就事物。如果大县县令顺从郡守，如此才相安无事，那么这是让琴瑟只奏一种声音（这不是"和"）。因此不如裁撤郡守一职，这样官职减少了，事务也简省了，这是第二点。

《时事论》是夏侯玄的一篇政论文章。汉末魏晋的地方政权是三级制：州，州牧；郡，太守；县，县令。夏侯玄主张裁撤郡守一职，其原因是当时大县县令与郡守的政才相若，这样很容易发生"是非之讼"，结果无非是"顺从则安"或者是"直己则争"。这样，大县县令和郡守之间出现的就不是"和"，而是"争"或者"同"的局面。从哲学上来看，"顺从则安"，这不是"和而不同"，而是"同而不和"，因为大县县令在此放弃了自己的正确意见而屈从了郡守的权势。而如果大县县令"直己"，以自己的正确意见来处理"是非之讼"，那么这就挑战了郡守的权威，会导致权力的争斗而不是彼此和谐的局面。既然如此，所以夏侯玄主张"司牧之主，欲一而专"，具体措施即裁撤郡守一职。这样，"官省政简"，可以防止内斗和内耗。由此可以看出，"和"如何落实在政治实践中，这其实是一个很复杂、很棘手的问题。

求同存异 和而不同

乐己之同恶己之异

今人自强自是，乐己之同，恶己之异，便是有固、必、意、我，无由得虚。学者理会到此虚心处，则教者不须言。

——张载《经学理窟·义理》

注释

〔1〕张载：字子厚，世称"横渠先生"，北宋思想家和理学家，著作有《正蒙》《经学理窟》等。

〔2〕固、必、意、我：典出《论语·子罕》"子绝四"章。

译文

今人自以为强大，自以为正确，喜欢与自己相同的意见，厌恶与自己相异的意见，这便是固执己见、绝对肯定、凭空臆测、自以为是，无从得到虚心。如果学习者理会到此一虚心处，那么教师就无须言说了。

解析

在本段选文中，张载阐明了虚心对于学习的重要性。一个人如果想要学习新知识或者在道德修养上取得进步，他就必须首先做到虚心，而不能"自强自是"，意、必、固、我，或者"乐己之同，恶己之异"。所谓意、必、固、我之心，即所谓成心；成心与虚心相对。虚心指勿意、勿必、勿固、勿我之心，是能倾听、宽容和接受不同意见之心。张载认为，学习首先是虚其心。一个人做到了虚心，他就能够在开放的心态中做到主动学习。

患在于好使人同己

　　文字之衰，未有如今日者也。其源实出于王氏。王氏之文，未必不善也，而患在于好使人同己。自孔子不能使人同，颜渊之仁，子路之勇，不能以相移；而王氏欲以其学同天下！地之美者，同于生物，不同于所生。惟荒瘠斥卤之地，弥望皆黄茅白苇，此则王氏之同也。

——苏轼《答张文潜县丞书》

注释

〔1〕苏轼：字子瞻，号东坡居士，北宋文学家，著作众多。

〔2〕《答张文潜县丞书》：载《苏轼文集》（中华书局 2016 年版）卷四十九。

译文

　　文字表达的衰弱，自古以来未有像今天这样的。其源头实际上出于王氏。王氏的文字，未必不好，但其病患在于喜好使他人同于自己。从孔子以来圣贤都不能使他人同于己，颜渊的仁爱，子路的勇敢，孔子都不能够加以改变；而王氏竟然想以其学术使天下同于自己！大地的美善在于，同于生成万物（的功能），不同于其所生成的具体事物。在荒芜、贫瘠、盐碱之地上，充满视野的都是黄色的茅草、白色的芦苇，这就是王氏所说的同。

求同存异　和而不同

|解析|

　　在此篇书信中，苏轼借探讨造成当时文章衰弱的原因而严厉批评了王安石的学术观。文以载道，文字的衰弱跟其所传之道有关。苏轼认为，王安石应对当时文章衰弱、空洞无物及缺乏个性的局面负主要责任，认为王氏的病患在于"好使人同己"。孔子曰"君子和而不同"，王安石则通过"新学"（《三经新义》）而试图统一学术思想，使人同于己，这是苏轼所反对的。苏轼认为，大地的美善在于其同有"生物"的作用，而不是同于其所生的某一物；只有这样，才能够百花齐放，百物生成，万物生生不已。大地的精神也就是"和"的精神。王安石则相反，其"好使人同己"所导致的恶果，犹如荒瘠斥卤之地只长满黄茅白苇而已。所以，王安石在文章、学术、思想上采取的是"同"法，而不是"和"法。而当时文章的内容贫乏及其气势衰弱，在苏轼看来，正是由王安石"同"的学术观所导致的。总之，苏轼批判了王安石的学术观、经学观和文学观，主张"去同而取和"，认为"和"才是生物的根本精神和原则；"和"才能使文章充实振作，百花齐放，百家争鸣，富有个性和充满内容。

夫是非在理不在同异

夫是非在理，不在同异。使同而有所附焉，虽同乃所以为欺也。异而有所取焉，虽异乃所以为忠也。夫上所好恶，民之表也。上惟同之为好，则民亦以同为贵；上惟异之为恶，则民亦以异为贱。

——彭汝砺《论近岁用言好同恶异奏》

注释

〔1〕彭汝砺：北宋谏议名臣，著作有《鄱阳集》等。

〔2〕《论近岁用言好同恶异奏》：此文写于熙宁九年（1076），收入《全宋文》第 101 册。

译文

是非的判断标准在道理，而不在于所进之言辞是否与人君相同或相异。假使某一言辞与人君意见相同却出于故意依附，那么即使相同，它也是人臣所以搞欺骗的东西。假使某一言论与人君意见不同却有可取之处，那么即使相异，它也是人臣所以为忠的表现。君上之所好所恶，是人民效法的标准。如果皇上喜好与自己相同的意见，那么人民也以"同"为尊贵；如果皇上厌恶与自己不同的意见，那么人民也以"异"为卑贱。

解析

本段选文出自彭汝砺上宋神宗的一封奏议，起因是："朝廷近

求同存异 和而不同

岁用言之道，同之则众誉之以为奇才，为知治体，而果用之；异之则众愚之以为同俗，为不知治体，而果废之。"彭氏对此作了批评，并提出了朝廷用言纳言的新标准——"是非在理，不在同异"。"是非在理"是说，言论是非对错的标准在于理；"不在同异"是说，言论是非对错的标准不在于其是否与皇帝的意见相同或相异。应当说，前一标准比后一标准更为根本。而就朝廷政治来说，"是非在同异"的标准是很危险的。事实上，与人君相同的意见不都出于理之所是，其中一些难免出于有人故意趋附的结果，因此这些所谓相同意见其实是为了欺骗君上；相反，人臣提出不同意见，也有可能是其尽忠的表现。在中国古代，由于人君居于政治生活的中心，故其好恶影响极大，有表率作用，"上之好恶，民之表也"。也因此，人君务必谨慎其好恶，在采纳大臣言论时应当严格遵从"是非在理，不在同异"的标准。

天下之理但当论是非

尚同一说，最为浅陋。天下之理但当论是非，岂当论同异？……异字与同字为对，有同而后有异。孟子曰："耳有同听，目有同美，口有同嗜，心有同然。"又曰："若合符节。"又曰："其揆一也。"此理所在，岂容不同？不同此理，则异端矣。

——陆九渊《与薛象先》

注释

〔1〕陆九渊：字子静，号象山，南宋理学家，心学的开创者。其著作均已编入《陆九渊集》（中华书局 1980 年版）。

〔2〕揆：音 kuí，准则、原则。

译文

崇尚"同"，这是最为浅陋的主张。天下的公理是只应当论言论或事情的是非，岂应当讨论其是否与己相同或相异？……"异"字与"同"字相对，有"同"然后有"异"。孟子说："耳有同听，目有同美，口有同嗜，心有同然。"又说："若合符节。"又说："其揆一也。"此理所在之处，岂容人不认同之？若不认同于此理，那他就是异端了。

解析

对于什么是同异和异端，陆九渊在本段选文中提出了新看法。陆九渊认为先论立场、后论是非，这是不良的学术风气。他说：

"尚同一说，最为浅陋。"他进而认为，"天下之理但当论是非"。但尚同者与此不同，他们选择立场先行的原则。以己为或同或异的标准，这是立场问题。与自己的立场相同则以为是，与自己的立场相异则以为非，这是基于私利或狭隘的党派利益所提出的观念，而非天下之公理。进一步，陆九渊认为"心之所同然"者是判断是非的标准，他说："此理所在，岂容不同?"舜之所以同于尧、后圣之所以同于先圣，都是基于此心之所同然的理同，而不是基于立场先行的党同伐异的站队。而对于"异端"，陆九渊认为，也应当以此理作为判断标准。这是一种新的异端观，超越了以孔孟与佛老对峙、立场先行的旧异端观，在理论上将儒家的站位引向了一个更具普遍性的判教层次。

以水济水岂是学问

　　学问之道，以各人自用得着者为真。凡倚门傍户，依样葫芦者，非流俗之士，则经生之业也。此编所列，有一偏之见，有相反之论，学者于其不同处，正宜着眼理会，所谓一本而万殊也。以水济水，岂是学问！

——《明儒学案·发凡》

注释

　　〔1〕黄宗羲：字太冲，号南雷，学者尊称"梨洲先生"。明末清初思想家和史学家，著作有《明夷待访录》《明儒学案》等。

　　〔2〕《明儒学案》：黄宗羲著，属于学案体，是一部系统梳理和总结明代学术思想及其流派特点的学术史著作。

　　〔3〕一本万殊：出自朱熹，意思是说世间事物虽然千差万别、不断变化，但其本源是同一的。《明儒学案·发凡》篇引用此语，"一本"是说"道"本身是一而不是二，是一贯而不是彼此隔离的；"万殊"是说表达"道"的学问学说（包括形式和内容）不必相同，是有差异的。

译文

　　学问之道，是以各人自己用得着者为真实。凡依傍他人门户，依据样子描画葫芦者，不是流俗之士，就是其将学问当做了谋生的活计。本书各编所列前贤文字，有一偏之见，有相反之论。学者在这些不同地方，正当着眼理会，这就是所谓一本而万殊。以水补济水，这岂是学问！

┃解析┃

在本段选文中，黄宗羲用"和而不同"和"一本万殊"表明了自己编写《明儒学案》的指导思想，其中后者是对于前者的观念发展。黄宗羲认为学问应当与人的生命直接相关，各人自己用得着、用得上者才是真实的学问。需要指出，黄宗羲在此所说的学问，是指儒家道德和修身之学。这种各自用得着的真学问，是形诸文字的口耳之学的本源，而因此诸家之学即有不同。反映在学术史上，即有一偏之见和相反之论。追根溯源，这些一偏之见或相反之论透过各人自身用得着者指向了道体。换言之，道体是一本，而一偏之见、相反之论是万殊。道体即在偏见、反论之中，而偏见、反论即表现着道体；或者说，一本即在万殊之中，而万殊即表现着一本。用孔子的话来说，这是"和而不同"；用史伯的话来说，这是"和实生物"；用晏子的话来说，这是"以火济水"。而那种以水济水，因循抄袭而毫无发明的学问，是黄宗羲所反对的。在黄宗羲看来，学问必须在不同偏见和反论的相互作用下才能取得发展，"同而不和"是无法取得学术思想的进步的。

与天下万世和也

然则天下之淫思而过虑者，何为也哉？释守性以为己真，老守命以为己宝，以同所异而异所同，立藩棘于荡平之宇，是亦共、欢朋党之私，屠酤固吝之情已耳。故曰："君子和而不同。"与天下万世和也，而不怙必同于己也。

——王夫之《周易外传·系辞下》

注释

〔1〕王夫之：字而农，号姜斋，人称"船山先生"；明末清初思想家，著作有《周易外传》《尚书引义》等。

译文

既然这样，那么天下的过度思虑，是为什么呢？释家操守法性且以之为自己的真实，道家操守性命且以为自己的珍宝，二家以此来同一其所不同者而别异其所相同者，在荡平的空间树立藩篱和种植荆棘，这不过是共工、欢兜的朋党之私，屠夫卖酒者的固陋吝啬之情况罢了。所以说："君子和而不同。"应当与天下万世之人相和，而不依怙必定同于己。

解析

在本段选文中，王夫之批评了佛家和道家。批评的一个理由是，佛老二家都固于自蔽而排斥、攻击异己，"以同所异而异所同"。在他看来，二家之见出于朋党之私，很不宽容，是"同而不和",与孔子"和而不同"的主张相违。不仅如此,王夫之对"和而不同"有所新诠,他说:"与天下万世和也,不怙必同于己。"在此,"天下"指天下人及其学说,"万世"即意味着对所有时代是开放的。这种"和",是超越时代、超越古今,超越人我族群、超越地域国别的大和谐,是穷尽一切时间和空间的大和谐,是面对"真理"、面对"道"本身的开放与和谐。反过来看,有此大和谐观的人,亦必有大和谐的心胸、境界。王夫之反对"必同于己"的态度,在他看来,释老二家以自家的见识或学说作为判断"道"或"真理"的标准,这只能说是固陋。

第
二
篇

同
异
篇

现实世界是复杂、多变的，这决定了人对于世界的看法有「同」有「异」。「同」有同的价值，「异」有异的价值，不是非此即彼的关系：同中有异，异中有同；同以存异，异以成同。「夫物之不齐，物之情也」，这是异，「同声相应，同气相求」，这是同。「天下同归而殊途」，这是同中之异，「万物并育而不相害」，这是异中之同。就政治智慧来说，「和同于人」「与民同乐」，这是同，「圣人因变而立功」「因时变而制礼乐」，这是异。或同或异的主观辩证法，其实根源于现实的客观辩证法。同异辩证法的基本目的是为了世界的和谐发展。

天与火同人

《象》曰：天与火，同人；君子以类族辨物。

—— 《同人·象传》

注释

〔1〕《象》：即《象传》，《易传》之一。《象传》分为《大象传》和《小象传》，前者解释卦象、卦名和卦辞的含义，而后者解释爻象和爻辞的含义。本条选文属于《大象传》。

〔2〕《同人》：今本《周易》第13卦，卦画为☰，上乾下离，上天下火。"同人"是和同于人之义。

译文

《象传》说：上为天、下为火，天亲近火，其卦象有"和同于人"之义。君子因此类比于族群而与物有分别。

解析

"同"是和同、和合之义，"同人"是与人和同或和同于人的意思。《大象传》诠释方法主要是从一卦的上下卦象来取义。《同人》的上卦为乾为天，下卦为离为火。天在上，火曰炎上，故此卦有上下亲近、和同之义。"天与火，同人"，"与"是亲近之义，天亲近火，故《象传》诠释此卦之义为和同于人。人与人相亲近，难在上对下、领导对民众的亲近，《同人》卦即有见于此。"君子以类族辨物"，"君子以"是《象传》解释的一般格式。"类族辨物"即类族和辨物，二者相对为义。"类"，类比、类同；"类族"即类比于族群。
"辨物"，即"辨于物"，是与物有分辨之义。因此"君子以类族辨物"
正是对"同人（和同于人）"义的推演。

二人同心其利断金

"同人，先号咷而后笑。"子曰："君子之道，或出或处，或默或语。二人同心，其利断金。同心之言，其臭（嗅）如兰。"

—— 《易传·系辞上》

注释

〔1〕《易传》：又称《易十翼》，由十篇文章组成，包括《彖传》上下、《象传》上下、《系辞传》上下等。

〔2〕《系辞上》：《易传》的篇目之一，《系辞传》属于通论性质，作于战国中期。

〔3〕君子之道，或出或处，或默或语：此三句不当抄在此处，应在上章"君子居其室"一句前。

译文

《同人》九五说："和同于人，起先号咷，后来欢笑。"孔子解释道："君子之道，有时出门干事，有时候闲居无为，有时候沉默不语，有时候说话。两人的心志相同，其锋利可以斩断金属。心志相同的言辞，其气味像兰草一样芬芳。"

解析

从整体上看，《同人》（☰）之义在于"和同于人"，每一爻都是如此。故此卦辞和爻辞设置了重重险阻，以彰显"同人"之义（"团结就是力量"）。卦辞曰："同人于野，亨，利涉大川，利君子贞。""野"是广大之象，"亨"者亨通。"大川"是艰险之象。"君子"是"同人"之帅，是故"利君子贞"，小人则否。九五曰："同人，先号咷而后笑，大师克相遇。""大师"，大军；"克"，攻克、战胜。此爻设置了一个极其艰难的险境，即一场残酷的战争。甲方的一支小部队受困于乙方，"先号咷"，这意味着人员伤亡很大，处境非常危险；"而后笑"，这意味着甲方已转危为安、转败为胜，其大部队战胜了乙方，与己方小部队成功会合。九五爻的意象即是强调"同人"之义，如果没有精诚团结、勠力同心的精神，那么甲方小部队能否坚持下来，以及己方大部队会否积极救援，并战胜对方，这都是值得怀疑的。

孔子抓住了"同人"之义，对九五爻义做了大力阐发。在他看来，"同心"是"同人"的根本，彼此同心了，才能做到人我和同。孔子一曰："二人同心，其利断金。"这是比喻，言同心即能坚刚如此。二曰："同心之言，其臭如兰。"这也是比喻，言同心之言即能和谐如此。

与人同者物必归焉

物不可以终否，故受之以《同人》。与人同者，物必归焉，
故受之以《大有》。

——《易传·序卦》

注释

〔1〕《序卦传》：《易传》之一，其作用是确定和传承今本卦序。

〔2〕否：音 pǐ，是闭塞、不交不通之义。《否卦》为今本《周
易》第 12 卦，卦画为䷋，上乾下坤，上天下地。天地之气不交，故
曰否。

〔3〕《大有》：今本《周易》第 14 卦，卦画为䷌，上离下乾，上
火下天。此卦以六五爻为义。"大有"是包容丰富的意思。

译文

事物不可能终久否塞，所以接着是《同人》卦。与人和同的人，
他人和外物一定会归附，所以接着是《大有》卦。

解析

本段选文具有辩证智慧，包括反对之理、发展之理，及在反对
和发展之上的接受之理。《否卦》以闭塞不通为义，上天下地，二
气不交，不能通达，故万物不能生成；但是，《序卦传》却说事物
不可能终久闭塞、不交不通，所以在卦序上即受之以《同人》卦。
这是反对之理。"同人"是与人和同之义，能与人和同的人，外物

及他人一定会来归附，所以又受之以《大有》卦。这是发展之理。"大有"是包容丰富、广大之义。而无论是反对还是发展关系，《序卦传》都说"受之以"，以接续下一卦。由此看来，作《易》者首先是承认"现实"的，"现实"本身既是丰富的、矛盾的，又是在不断发展着的。"现实"是《周易》智慧的基石，接受"现实"并思虑"现实"，这是《周易》的大智慧。

君子以同而异

《象》曰：上火下泽，睽。君子以同而异。

——《睽卦·象传》

注释

〔1〕《睽》："睽"音 kuí，今本《周易》第 38 卦，卦画为☲☱，上离下兑，上火下泽。"睽"为乖离乖违之义。

译文

《象传》说：上为火、下为泽，其卦象有"乖离"之义。君子因此寻求大同而并存小异。

解析

从卦象看，《睽卦》上离下兑，离为火，泽为水。火曰炎上，水曰润下，故《睽卦》有乖离之义。此义，其实《彖传》亦说之："睽，火动而上，泽动而下。"《象传》引申说："君子以同而异。""同"谓《睽卦》的整体，"异"指其上下卦。上下两卦虽然彼此乖离，但是它们同处于一卦之中，故《象传》曰"同"。此"同"为大同，是整体性的同；而上离下兑的"异"，则是小异。总之，《睽卦》之同是合异之同，异是同中之异。君子取象于此卦，故当求同而存异。《彖传》对于《睽卦》的同异辩证法作了大力推演，云："天地睽而其事同也，男女睽而其志通也，万物睽而其事类也。"这是说，天地虽然乖睽，但其生成之事相同；男女虽然乖睽，但其求偶之志相通；万物虽然乖睽，但其禀受阴阳之事是类似的。《彖传》曰"君子以同而异"，是对《彖传》这段话的高度概括。

同声相应同气相求

九五曰："飞龙在天，利见大人。"何谓也？子曰："同声相应，同气相求；水流湿，火就燥；云从龙，风从虎；圣人作而万物觌；本乎天者亲上，本乎地者亲下：则各从其类也。"

——《乾卦·文言》

注释

〔1〕《乾卦》：今本《周易》第 1 卦，卦画为 ，上乾下乾，上天下天。"乾"是健之义。

〔2〕《文言传》：《易传》之一，唯《乾》《坤》两卦有此传。

译文

《乾卦》九五说："飞龙在天，利见大人。"这两句说的是什么意思呢？孔子说："这是说，同类的声音互相感应，同样的气息互相匹配；水流向卑湿之地，火上就干燥之物；云随从龙，风跟从虎；圣人奋起而万物显现；根源于天者亲近于上方，根源于地者亲近于下方。它们都是各从其同类的。"

解析

本段选文阐明了世间万物"各从其类"的道理。"飞龙在天"预示着"利见大人"，"大人"与"飞龙"同类，九五之位即君位天位，所以此爻说："利见大人。"（利于出现大人）其实，"各从其类"是一条普遍原理，如"同声相应，同气相求""水流湿，火就燥"等皆是。在"圣人作而万物睹"一句中，"圣人作"与"万物睹"为因果和类属关系，这句话说明了大人或圣人对于政治的重要性。圣人奋起，则天下光明，无物隐遁，万物各显其能，各彰其性。这是一种大治或太平盛世的景象。

同归殊途一致百虑

子曰:"天下何思何虑? 天下同归而殊涂(途),一致而百虑。天下何思何虑? ……精义入神,以致用也;利用安身,以崇德也。过此以往,未之或知也。穷神知化,德之盛也。"

——《易传·系辞下》

注释

〔1〕天下何思何虑:"天下"指天下人,此句言天下人有所思考有所忧虑。

〔2〕涂:通"途",路途。

译文

孔子说:"天下人思考什么忧虑什么呢? 天下人的归终是相同的,但是其道路是殊别的;目的是一致的,但是思虑有千百种。天下人思考什么忧虑什么呢? ……人精思道义和进入神妙之境,是为了达诸施用;利于施用、安立其身,是为了推崇德行。超过这些目的再往前追索,这是我有所不知道的。穷尽阴阳不测的神妙而知晓其变化,这是德行盛大啊。"

解析

本段选文是孔子阐发《周易·咸卦》九四爻的大义,孔子在此阐明了思考思虑对于人安身立命的重要性。《咸卦》之义在于"感应",不但天下万事万物是互相感应的,而且人以其思虑与万事万物相感应。《咸卦》（䷞）九四曰："憧憧往来，朋从尔思。""憧憧"是往来不绝之貌。世间事物往来不绝，但人唯有通过"思虑"才能感通世间"憧憧往来"的万千事物，并使友朋信从"尔思"。人应当思虑什么？人应当思虑自身的生命存在：精思道义，并进入神妙之境，这是为了致用；利用安身，这又是为了推崇德行。集中起来，孔子思考了天下万事万物和人的安身立命及其关系的问题。天下何思何虑？集中起来，就是天下人应当思虑人自身在宇宙间的安身立命问题。这是一个殊途同归、百虑一致的问题。人是世间能动的感应者，他在把握自然规律和道德成就两个方面都起着关键作用。而且，把握自然规律或宇宙规律（"穷神知化"），造福天下苍生，这在孔子看来即是最盛大、最圆满的德行。

万物并育而不相害

仲尼祖述尧舜，宪章文武，上律天时，下袭水土。辟（譬）如天地之无不持载、无不覆帱，辟（譬）如四时之错行，如日月之代明；万物并育而不相害，道并行而不相悖，小德川流，大德敦化，此天地之所以为大也。

——《礼记·中庸》

注释

〔1〕《礼记》：即《小戴礼记》，是儒家十三经之一，由西汉中期的戴圣所编，全书共四十九篇。

〔2〕《中庸》：《礼记》的一篇，《四书》之一，子思子的著作。

〔3〕帱：音 dào，是覆盖之义。

译文

仲尼祖述尧舜，效法文王、武王，上法象天时，下因循水土。（仲尼的境界）譬如天地无不承载、无不覆盖，譬如春夏秋冬四时交错运行，譬如日月交替照明；万物一起生育而不相妨害，天道同时运行而不相违背，小德者如川水流浸，大德者如时雨普润，化育深厚，这是天地之所以伟大的原因。

解析

本段选文认为孔子达到了天地境界，并对此作了具体描述。《中庸》曰："仲尼祖述尧舜，宪章文武，上律天时，下袭水土。"在历史和自然两个方面孔子都达到了博洽贯通和完美无缺的地步，反映在生命境界上即是天地境界：其一，譬如天地无不覆载，四时错行而万物往来，日月交替而世间照明。其二，在此天地中，万物并育，天道并行，而不相违害；小德川流，大德敦化，而各自有其成就。这两点阐明了天地的伟大，反映在生命境界上即阐明了仲尼之所以伟大的原因。天地是自然和谐的宇宙，而仲尼的生命境界即达到了如天地般自然和谐的地步，这是至诚至圣的道德生命境界。和谐中有差异，和谐允许差异，且差异中有和谐，差异不害和谐；小德和大德和谐并存，各有其用。这就是天地境界。

和其光同其尘

道冲（盅），而用之或（又）不盈，渊兮似万物之宗。挫其锐，解其纷，和其光，同其尘，湛兮似或（又）存。吾不知谁之子，象帝之先。

——王弼本《老子》第四章

注释

〔1〕《老子》：又称《道德经》，是道家和道教的基本典籍，作者是春秋末期的李耳。王弼本是通行本之一。

〔2〕老子：姓李，名耳，字聃，春秋末期陈国厉乡曲仁里人，道家创始人，道教尊称为"太上老君"；著作有《老子》。

〔3〕谁之：在此二字上，出土简帛古本有"其"字。

译文

道是空虚的，而人使用它又不自盈满，道渊深啊，似乎是万物的祖宗。挫折其锋锐，消解其纠纷，柔和其光芒，混同其尘俗，道深湛啊，似乎又存在。我不知道它是谁的子女，好像是上帝的祖先。

解析

本段选文阐明了道的空虚和渊深特性。道如何空虚？人使用它，又不会自我盈满，故知其具有"空虚""渊深"的特性。道虽然渊深，但它似乎是万物的祖宗。这说明道与万物具有生成关系：

道是本体，万物是其现象。挫锐、解纷、和光、同尘，这四个短句都是就人来说的。如果一个人做到了挫锐、解纷、和光、同尘，那么他本身即彰显了道的深湛特性。"渊深"和"深湛"都以水为喻，水深则晦暗，这与万物在光明中显现其象是相反的。虽然道是空虚而渊湛的，但是它确实存在，是万物的祖宗。不仅如此，老子说："吾不知其谁之子，象帝之先。"这两句话更具批判性。上帝是最高神灵，是最高的神性存在者，这是当时的共识。但是，老子否定了这一点，认为"道"好像是上帝的祖先，将上帝拉了下来，从而建立了中国的道本论，这在哲学上是一大进步。

挫锐、解纷、和光、同尘都体现了"和"的精神。世界的不和谐，都根源于存在于世界之中的每一主体。锐、纷、光、尘是人丧失道性，彰显自我，从而导致世界不和谐的基本表象。所以老子主张挫之、解之、和之、同之，要人重返于本体存在的"渊深"和"深湛"之中。老子认为，和谐来自于人对此"渊深"特性的把握，而不和谐则来自于人对于物化的追求和争斗。

上同而不下比

国君治其国，而国既已治矣，有（又）率其国之万民，以尚（上）同乎天子，曰："凡国之万民上同乎天子，而不敢下比。天子之所是，必亦是之，天子之所非，必亦非之。"……唯以其能一同天下之义，是以天下治。

———《墨子·尚同中》

注释

〔1〕《墨子》：先秦墨家著作集，今存 53 篇，其中 8 篇有目而无文。

〔2〕墨子：名翟，战国早期宋国人，是墨家学派的创始人。墨子生前提出了兼爱、节用、天志等十大主张。

〔3〕尚同：墨子的十大主张之一，与"尚贤"并列。"尚"，义为崇尚、推尚；"尚同"即崇尚、推尚"同"法。"尚同"包括两方面的含义，形式上是下级对上级的服从和齐同，但实质上是齐同于"义"。前者是手段，后者是目的及其合理性的根据。

译文

国君治理其国家，而国家既然已治理好了，就又率领其国家的万民以向上齐同于天子，说道："国家的万民，向上齐同于天子，而不敢向下比齐。天子认为对的，万民一定也认为正确，天子认为错的，万民一定也认为是不对的。去除你们的不好言辞，学习天子的美善言辞；去除你们的不善行为，学习天子的美善行为。"……

（为什么天子能将天下治理好?）这是因为天子能够齐一和齐同天下的道义，所以天下大治。

┃解析┃

　　"尚同"即崇尚"同"的法则，其出发点是结束"一人一义，十人十义"的自是非彼的混乱局面，其施用范围是政治，其作用方向是下对上的齐同和服从，级别包括民众、正长（里长、乡长、将军大夫）、国君、三公、天子，而最终天子又率领万民向上齐同于天。墨子的"天"是神性的天，"义"从天出。"尚同"的"同"实质上是齐同于义，方法上是居下位者上同于居上位者，即万民上同于正长，正长上同于国君，国君上同于天子，天子上同于天。墨子认为，通过提倡"尚同"，天子即可以结束天下"一人一义，十人十义"的混乱状态，而进入天下有公义及天下大治的局面。本段文字从一个侧面体现了墨子的"尚同"主张。"上同而不下比"是"尚同"的要义之一。需要指出，墨子"尚同"的主张，特别是"上同而不下比"的说法也具有一定的危害性。

与 民 同 乐

今王鼓乐于此，百姓闻王钟鼓之声、管籥之音，举欣欣然有喜色而相告曰："吾王庶几无疾病与？何以能鼓乐也？"今王田猎於此，百姓闻王车马之音，见羽旄之美，举欣欣然有喜色而相告曰："吾王庶几无疾病与？何以能田猎也？？"此无他，与民同乐也。今王与百姓同乐，则王矣。

——《孟子·梁惠王下》

注释

〔1〕《孟子》：《四书》及儒家十三经之一，共分七篇，作者为孟子及万章等弟子，主要表达了孟子的思想。

〔2〕孟子：名轲，战国中期邹国人，先秦儒家的重要代表之一。其思想集中在性善论和仁政王道说上。

译文

（孟子回答齐宣王说：）假如王在这里奏乐，老百姓听到王敲打钟鼓和吹奏管籥的声音，全都欣欣然面露喜悦之色，而奔走相告道："吾王大概没有疾病吧？不然他为何能够奏乐呢？"假如王在这里田猎，老百姓听到王的车马声音，看到羽旄的壮美，全都欣欣然面露喜悦之色而相告道："吾王大概没有疾病吧？不然他为何能够田猎呢？"那么这没有其他原因，是因为王能够与民同乐罢了。如果王能够与民同乐，就可以成为王，天下于是归服你了。

▎解析▎

　　人君之乐，是《孟子·梁惠王》篇着重处理的一个问题，孟子主张"与民同乐"。《梁惠王上》说："古之人与民偕乐，故能乐也。"《梁惠王下》说："乐民之乐者，民亦乐其乐，忧民之忧者，民亦忧其忧。乐以天下，忧以天下；然而不王者，未之有也。"在孟子看来，人君之乐必须建立在与民共利的基础上。乐利天下和乐与民共利，这是人君快乐的道德基础。或者说，人君的快乐应当建立在人民的利益和天下之利益的基础上。只有人民快乐了、满意了，人君的快乐才是合理合法的。否则，人君之乐就是独乐，是断绝了与人民群众血肉相连、利益相关的快乐。文王为台为沼，与民偕乐，故人民欢乐之；夏桀反之，故"民欲与之偕亡"。文王之苑囿方圆七十里，"民犹以为小"，这是与民共利；齐宣王的苑囿方圆四十里，"民犹以为大"，这是"为阱于国中"，不与民共利。而能够与民共利、乐利天下、先民而后己，这即是义。能够同情民众的疾苦，知道人民的利益追求，这就是仁。故人君应当以仁义修身，行仁政和推行王道。

夫物之不齐物之情也

曰："夫物之不齐，物之情也：或相倍蓰，或相什百，或相千万。子比而同之，是乱天下也。巨屦小屦同贾（价），人岂为之哉？从许子之道，相率而为伪者也，恶能治国家？"

——《孟子·滕文公上》

注释

〔1〕蓰：音 xǐ，五倍曰蓰。

〔2〕屦：音 jù，古代的鞋子。"巨屦"，粗屦；"小屦"，细屦。

〔3〕许子：许行，战国中期神农学派的代表人物，与孟子同时。

译文

（孟子对陈相）说："各种货物是不齐同的，这是货物的实情：有的价格相差一倍五倍，有的价格相差十倍百倍，有的价格相差千倍万倍。你将它们并列而等同起来，这不过是搅乱天下罢了。粗劣的鞋子和精致的鞋子价格相同，人们岂会这样干吗？跟从许子的办法去做，这是带着大家一起去作假，如此，哪里能够治理国家呢？"

解析

陈相本为楚儒，但在滕国见到许行之后，他尽弃其所学，而追从许行。许行是战国中期神农学派的代表。许行同样主张仁政，但是其思想内涵与孟子不同。在经济上，他主张自耕自织的生产方式，反对任何剥削，甚至反对通工贸易。他同样反对士人出仕，认为这是参与了剥削和压迫。孟子则批评了许行，认为货物不同、价格有异，这本来是商品固有属性。而如果人为地将两件不同质、不同量的商品作等价处理，那么这违反了商品的价值属性。违反了商品的价值属性，就会反过来影响商品的生产、流通、销售和消费，特别是打击了人们从事商品生产的积极性。由此类推，孟子认为，如果跟从许子之道，这就是作弊作伪，而无法治理国家。从哲学上来看，所谓"物之不齐，物之情也"，就是承认差异，做事要依据差异，这叫做"实事求是"。不仅物品、货物或商品充满差异，而且现实世界本来也是充满差异的。认识世界和解决问题，都应当充分尊重实际和尊重差异。社会的和谐大同，是以对差异的充分尊重为前提的。

善 与 人 同

　　大舜有大焉，善与人同，舍己从人，乐取于人以为善。自耕稼陶渔以至为帝，无非取于人者。取诸人以为善，是与人为善者也。故君子莫大乎与人为善。

—— 《孟子·公孙丑上》

注释

　　〔1〕舜：儒家推崇的上古圣王之一，是孟子重点论述的对象。

译文

　　（孟子说：）大舜有很了不起的地方，善能够与人共同之，舍弃自己的短处而跟从他人的长处，乐于吸取他人的长处来行善。从耕田、稼穑、制陶、打渔一直到做天子，没有一个优点一个长处不是从他人那里吸取来的。吸取他人的长处来行善，这是与他人一起行善。所以君子莫大于与他人一起行善。

解析

　　舜是孟子所讨论的人格典范。"善与人同"，是说"善"是公共的，人我共有之。如何做到"善与人同"呢？从实践来看，就是要"与人为善"，与人一起行善。己不善，则舍弃自己的不善，而跟从他人之善，吸取他人长处，这就叫做"与人为善"。这是一方面。另一方面，"善与人同"也包括己有善的情况，舜即以其善与人共有且共行之。总之，"善与人同"和"与人为善"都是讲人如何修身的问题。

口之于味也有同嗜焉

故曰，口之于味也，有同耆（嗜）焉；耳之于声也，有同听焉；目之于色也，有同美焉。至于心，独无所同然乎？心之所同然者何也？谓理也，义也。圣人先得我心之所同然耳。故理义之悦我心，犹刍豢之悦我口。

—— 《孟子·告子上》

注释

〔1〕刍豢：草食曰刍，如牛和羊；穀食曰豢，如犬和豕。

译文

（孟子说：）所以说，口对于味道，有相同的嗜好；耳朵对于声音，有相同的听觉；眼睛对于容色，有相同的美感。说到心，难道单单没有其所共同应许的东西吗？心之所共同应许的东西是什么呢？是理，是义。圣人先得我心之所共同应许的东西（即理义）罢了。所以理义使我欢心，这就好像食草的牛羊肉和食穀的猪狗肉非常合乎我的胃口一样。

解析

通过本段话，孟子论证了心之所同然者为理义的观点。口有同嗜的味道，耳有同听的声音，目有同美的容色，这是人人几乎认可的通识。而由此，孟子通过类比的方法论证了心有所同然的观点。而心之所同然是什么呢？孟子的回答是理义。需要指出，"心之所同然"的"然"，是应允、应许之义，故这句话本身即涉及价值判断的问题。而由此来看，"心之所同然者"即应当是理义。理义是通过心来认定和认可的，是人之所以为人的道德共性和本质性。此外，"故理义之悦我心，犹刍豢之悦我口"两句，进一步阐明了此悦好是先天赋予的，是生而即有的。这段话暗中说明，人性是善的。

自其异者视之肝胆楚越也

仲尼曰："自其异者视之，肝胆楚越也。自其同者视之，万物皆一也。夫若然者，且不知耳目之所宜，而游心于德之和，物视其所一，而不见其所丧，视丧其足，犹遗土也。"

——《庄子·德充符》

注释

〔1〕《庄子》：是庄子及其弟子的著作集，分为内、外、杂三篇。内篇一般认为是庄子的著作，外杂篇则为庄子及其弟子著作。

〔3〕德：道家的基本概念之一，是得道于己身的意思。它与儒家以道德性（morality）为内涵的"德"概念不同。

译文

仲尼说："从其差异的方面来看，肝和胆相隔的距离犹如楚国和越国一样遥远。从其相同的方面来看，万物都是齐一的（都是天地间的一物）。像这样，王骀将且不知道其耳目之所适宜者，而游心于"德"的和谐境界，以外物来看待其所齐一者，而看不到其所丧失，视其丧失一足，像遗失一筐土块一样。"

解析

仲尼属于重言式人物，王骀属于寓言式人物。在本段话中，庄子借仲尼之口阐明了王骀达到了齐死生的境界。王骀是一名跀足的得道者，但他达到了解脱死生而进入生命之真的境界，即齐物的境界。俗人从差异的角度来看待世间万物，故在腹内本相邻的肝胆却相距如楚越一般遥远。得道者从相同的角度来看待之，故世间万物都是齐一的。由此，俗人所看到的都是差别相，而得道者所看到的都是齐同相。观法不同，则觉悟不同；觉悟不同，则人生境界不同。王骀忘却了耳目的悦好和外物的差异而游心于"德"的和谐境界，而这个"德"和谐境界即是齐物的境界。"游心于德之和"是从内说，齐物是从外说。王骀达到了"物视其所一"的齐物境界，所以他哪里会介怀其一足被跀，而羡慕那些全足的人呢？"视丧其足，犹遗土也"，这就是王骀的境界。总之，在人生哲学上，庄子主张同"法"而不主张异"法"，主张齐物而不主张别物。达到了齐物的生命境界，也就是达到了逍遥无待的自由的生命境界。

天不一时

天不一时，地不一利，人不一事，是以著业不得不多，人之名位不得不殊。

—— 《管子·宙合》

注释

〔1〕《管子》：是战国时期托名管子的齐国诸子著作集，思想成分比较复杂，不过全书以治国理政为重心。

译文

天不是只有一个时节，地不是只有一种财利，人不是只做一类事情，所以创办的行业不得不多，人的名号和爵位不得不相分别。

解析

本段选文，在意思上与《孟子·滕文公上》所云"物之不齐，物之情也"相近。为什么人类举办的行业不得不多，人们的名号和爵位不得不相分别？这是因为世界本身即充满了差别，或者说，差别是世界的本相。从三才说，天不是只有一个时节，故春夏秋冬四时以成一岁；地不是只有一种财利，故五土十方各尽其利；人不是只有一类事业，故士农工商各有其事。所以只有知道了世间的差别，实事求是，并以道贯通之，人君才可以治理好国家。

见贤能让则大臣和同

故曰卿相不得众，国之危也；大臣不和同，国之危也；兵主不足畏，国之危也；民不怀其产，国之危也。故大德〈位〉至仁，则操国得众；见贤能让，则大臣和同；罚不避亲贵，则威行于邻敌；好本事，务地利，重赋敛，则民怀其产。

—— 《管子·立政》

注释

〔1〕《管子》：作者托名管子，其实是战国时期齐国诸子的思想论集。《汉书·艺文志》将其列为道家著作，今实存76篇。

〔2〕管子：姬姓，管氏，名夷吾，字仲，辅助齐桓公称霸，是春秋时期齐国的著名政治家。

译文

所以说，如果卿相不能得到民众的信任，国家就危险了；如果大臣不能团结一致，国家就危险了；如果军队的主帅不值得敬畏，国家就危险了；如果民众不心怀其产业，国家就危险了。所以居大位者做到了至仁，于是执掌国政就可以得到民众的信任；见到贤能之人而能够推让，于是大臣就团结一致；罚罪能做到不避亲戚和显贵，于是威严就传播至邻国和敌人；喜欢农业，追求土地之利，重视赋税，这样民众就心怀其产业。

|解析|

　　"立政"即"莅政"，是当时通用的术语，《管子·立政》篇即讲人君治国临政之道。这篇文章提出了"治国有三本，而安国有四固，而富国有五事"的说法，本选段即属于"四固"一节。其中"大臣不和同""大臣和同"的"和"是相处和谐、团结之义，"同"是同心同德、团结一致之义。在此，"同"与"和"的意义方向一致，它们都是就如何凝聚政治集团内部的整体力量来说的。这种"同"是中国古人普遍所赞成的。而孔子所说"和而不同"的"和""同"概念不同，"和"是尊重不同意见、调和不同因素，其目的是为了事物的生成和事业的成功；而"同"则是故意屈己从人，依傍权威，其真正目的是为了一己的私利，此种"同"是古人所鄙弃的。总之，《管子·立政》的"大臣和同"和《论语·子路》的"和而不同"并不矛盾，两"同"概念是从不同层面和不同意义上来说的。

东西南北之道踹

东西南北之道踹，然其为分等也。阴阳不同气，然其为和同也。酸、咸、甘、苦之味相反，然其为善均也。五色不同采，然其为好齐也。五声不同均，然其可喜一也。

——《鹖冠子·环流》

注释

〔1〕《鹖冠子》：战国末季黄老道家著作，作者为楚人。其人以鹖羽为冠，故称鹖冠子。

〔2〕踹：通"舛"，音 chuǎn，是相背相反之义。

译文

东西南北的道路虽然相反，但是其为道路之分派是同等的。阴阳虽然不同气，但是它们能达到和谐是同样的。酸、咸、甘、苦的味道虽然相反，但是它们能成为美味是同样的。青、黄、赤、白、黑五色虽然不同彩，但是它们能成为美色是一致的。宫商角徵羽五声虽然不同音阶，但是它们可使人喜悦是一样的。

解析

这段选文主要阐明了事物相反相成、异不离同的道理，并连举五例以阐明之：一是不同方向的道路；二是不同气的阴阳；三是不同味的酸咸甘苦；四是不同采的五色；五是不同音阶的五声。它们虽然都相反，但是都相成。东西南北与方向本身，阴阳二气与气本

求同存异　和而不同

身，酸、咸、甘、苦与味道本身，五色与色彩本身，五声与音均本身，是总别、同异、一般与个别的关系。不但如此，前者和合而可为后者，后者则是分别前者的前提。

彼王者之制也岂必齐哉

　　彼王者之制也，视形埶（势）而制械用，称远迩而等贡献，岂必齐哉！故鲁人以榶，卫人用柯，齐人用｛一｝革。土地刑（形）制不同者，械用备饰不可不异也。故诸夏之国同服同仪，蛮、夷、戎、狄之国同服不同制。

——《荀子·正论》

译文

　　彼上古圣王的制度，是根据形势来制作器械和用具的，衡量道路的远近来分别贡赋进献的等级，它们难道一定要完全一样吗？所以盛酒，鲁国人用碗，卫国人用盂，齐国人用革囊。土地风俗等地理因素不同，其器械、用具、措施和装饰品就不可能没有差异。所以诸夏各国对天子的服事和礼仪是相同的，四夷所在的边远地区虽然同样服事天子，但是其制度不同。

解析

　　在本段选文中，荀子认为，上古王者的制度（"王制"）是根据客观形势及其风俗人情等的不同来制作的，器械用具、贡赋进献等莫不如此。例如，同样是酒器，鲁人用碗，卫人用盂，齐人用革囊。又如，中原各国都必须遵循天子所制定的礼仪，但是边远少数民族却不必遵守华夏制度，这也是根据实情制定的。这些论述深刻地说明了，政治制度的创作，一定要根据实际情况；所统治的范围愈大，则王者所考虑和容许的差异性应当越大和越广，在差异中寻求统一，在统一中再谨慎地讨论其能否同一。"统一"是荀子所赞成的观念，而"同一"则是荀子所提防的词汇。

圣人因变而立功

圣人因变而立功，由异而致太平。尧舜承蚩尤之失，而思钦明之道；君子见恶于外，则知变于内矣。桀纣不暴，汤武不仁。

——《新语·思务》

注释

〔1〕《新语》：西汉陆贾著作，该书以阐述治国之道及讨论君臣的政治得失为中心。陆贾是汉初功臣、外交家和思想家。

〔2〕钦明：典出《尚书·尧典》"钦明文"一句。

译文

圣人依据天变（端正自己的过失）而创建功业，从怪异（反省自己的罪恶）而致天下太平。尧舜二圣虽然承受了蚩尤的过错，但是他们思虑恭敬、光明之道；君子看到身外的各种丑恶行为，而知道从内心改变之。如果夏桀和商纣王不暴虐，那么商汤和周武王就不会仁慈。

解析

本段选文已沉浸在天人感应的思维中。"变"与"正"相对，"变"指天变。"天变"指不正常的天象，如日月食、五星乱轨等。古人迷信，认为天变代表着天意，意味着人间的祸福吉凶。也因此，天变即意味着示警，故天子或人君应当敬畏之。如果能敬畏之而端正自己的过失，那么天子或人君就可以治理好天下国家，建立大的功勋。"异"与"常"相对，"异"指怪异，星坠木鸣、六鹢退飞等都属于怪异。古书"灾异"二字常连言，水旱蝗风属于天灾；但对于古人来说，"灾"的天意含量及其示警程度不及"异"。圣王、君子不仅能知天道，由知天道而反省自我，进而治理好天下国家，而且能知他人的罪过，并由此反省，发起道德自觉，进而治理好天下国家。"君子见恶于外，则知变于内矣"，尧舜承受了桀纣的过失，却思虑敬畏之道、光明之道；汤武反思桀纣的暴虐亡国，而能躬行仁义之道。因此，坏与好、恶与善的真正分别，在于人的道德自觉及自觉的道德实践。

因时变而制礼乐

夏后氏殡于阼阶之上，殷人殡于两楹之间，周人殡于西阶之上，此礼之不同者也……尧《大章》，舜《九韶》，禹《大夏》，汤《大濩》，周《武象》，此乐之不同者也。故五帝异道而德覆天下，三王殊事而名施后世，此皆因时变而制礼乐者。

——《淮南子·泛论》

注释

〔1〕《淮南子》：杂家著作，以黄老为宗，由西汉淮南王刘安及其门客编撰。

〔2〕五帝、三王："五帝"指黄帝、颛顼、帝喾、尧、舜，"三王"指夏禹、商汤、周文。

译文

夏后氏的灵柩停放在堂屋的东阶上，殷人的灵柩停放在堂屋的两个楹柱之间，周人的灵柩停放在堂屋的西阶上，这是三代殡礼的不同……尧用《大章》，舜用《九韶》，禹用《大夏》，汤用《大濩》，周用《武象》，这是上古帝王用乐的不同。所以五帝治理天下的方法虽然不同，但是其恩德覆盖天下，三王治理天下的故事虽然不同，但是其美名延及后世，这都是因为他们能够依据时势的变化而制定不同的礼乐。

|解析|

本段选文的核心观点是"此皆因时变而制礼乐者"一句。从古至今，是墨守还是求变，每到历史转折的重要关头，这个问题总能激起中国精英阶层的热烈争论，并由此大致分为趋新和守旧两派。一般说来，尊重时变，尊重客观实际情况，于实事中求其是，并相应地建设新的制度，这是中华民族的优秀传统。对此，儒家亦不例外。但是，置入具体历史情景中的人往往难于看清历史发展的方向，故双方即有主义之争，并为之流血奋斗不已，这是一般历史现象。三代（夏、商、周）的历史形势不同，故其礼乐不同，本段选文即由此阐明了"因时变而制礼乐"的观点。就殡礼来说，夏代殡于阼阶，殷代殡于两楹之间，周代则殡于西阶，彼此不同。就乐来说，尧用《大章》，舜用《九韶》，禹用《大夏》，汤用《大濩》，周用《武象》，彼此也不同。五帝三王的礼乐虽然不同，但是这无碍其功德的成就。总之，制度不是死的，是可以损益变化的，而其损益变化的根据即在于时势。中华民族之所以能够在千年变局、百年变局中一代一代地生存下来，延续下来，并不断发展壮大，正是源于此一历史精神。

天不一时地不一利

圣人天覆地载，日月照，阴阳调，四时化。万物不同，无故无新，无疏无亲，故能法天。天不一时，地不一利，人不一事，是以绪业不得不多端，趋行不得不殊方。五行异气而皆适调，六艺异科而皆同道。

——《淮南子·泰族》

注释

〔1〕五行：水、火、木、金、土。汉代以气论来理解五行，故有水气、火气、木气、金气、土气之说。

〔2〕六艺：古代有两种"六艺"概念，一种指礼、乐、射、御、书、数，另一种指《诗》《书》《礼》《乐》《易》《春秋》。前一种主要用来培养人的才艺才能，后一种主要用于修身，培养道德人格，故两种皆曰"艺"。后一种意义的"六艺"从汉武帝开始正式称为"六经"，本段选文中的"六艺"即指此种。

译文

圣人（的境界）如同天覆地载万物，如同日月照耀环宇，如同阴阳二气和调，如同四时化育群生。万物虽然不同，但是圣人能够做到不分新旧，不别亲疏，所以他能够效法天地。天不是只有一个时节，地不是只有一种财利，所以圣人的事业不得不有多种头绪，趋行不得不有不同方向。五行虽然禀气异质，但是皆可以和调，六艺虽然科目不同，但是它们在本质上都是对于道的表达。

┃解析┃

　　本段选文强调了"异"的必要性。圣人具有极大的包容性，对于"异"的极大包容正是圣人成其为圣人的原因。圣人达到了天地境界，如同天地一样无所不覆载，如同日月一样无所不临照，如同阴阳二气一样无所不和调，如同四时一样无所不化育。不仅如此，圣人的胸怀博大，不因为万物的差异而生新旧、亲疏的分别和偏好，他都能做到无私而平等地对待它们，包容它们。也可以说，正是万物的至异至杂，成就了天地的大和同；而圣人效法之，即成就其无所不包的政治智慧。不仅如此，正如天有四时、地有百利一样，圣人的事业是多头的，行动方向是有差异的。异不碍同，异以成同。五行虽然异气，但无碍其和调；六艺虽然异科，但无碍其为道。小异成就小的和同，大异成就大的和同。

广谷大川异制

凡居民材，必因天地寒暖燥湿。广谷大川异制，民生其间者异俗：刚柔、轻重、迟速异齐（剂），五味异和，器械异制，衣服异宜。修其教，不易其俗；齐其政，不易其宜。

——《礼记·王制》

注释

〔1〕《王制》：作于汉初，是由文帝时博士采集和编述古制而成的。郑玄说："名《王制》者，以其记先王班爵、授禄、祭祀、养老之法度。"

〔2〕齐：音 jì，通"剂"，一定的分量。

译文

凡安置老百姓居住，一定要依据其天时地利和寒暖燥湿的气候条件。广谷大川的形势特点不同，生活于其间的人民有不同的风俗：刚柔、轻重、迟速的性情不同，酸苦甘辛咸的偏好不同，器具兵械的制度不同，宜穿的衣服不同。强化对老百姓的教育，不改变其公序良俗；统一政令，不改变其适宜百姓的礼俗。

解析

《礼记·王制》篇从王者治理天下的角度阐述了一套理想化的政治制度。由于它是由儒生所编撰的，故带有很浓厚的儒家色彩。此篇属于制度儒学的范畴。本段选文说，天子治理人民应当充分考虑"异"的方面。"异"包括自然性的"广谷大川异制"和社会性的"民生其间者异俗"两个方面。而后者又包括"异剂""异和""异制"和"异宜",所涉内容十分广泛,说明不仅天时地利民材有异,而且百姓内部也存在巨大差异。因此人君统治天下和治理百姓,即应当充分尊重和考虑这些差异,应当将治理目的之"同"("天下太平")寓于治理客体的"异"之中。值得注意的是,"修其教,不易其俗;齐其政,不易其宜"两句,强调了王者政教对于"俗"的尊重。

大道之行也天下为公

　　大道之行也，天下为公，选贤与能，讲信修睦。故人不独亲其亲，不独子其子，使老有所终，壮有所用，幼有所长，矜（鳏）、寡、孤、独、废、疾者皆有所养，男有分，女有归。货恶其弃于地也，不必藏于己；力恶其不出于身也，不必为己。是故谋闭而不兴，盗窃乱贼而不作，故外户而不闭。是谓大同。

—— 《礼记·礼运》

注释

　　〔1〕大同：与"小康"相对。同，和也，平也。康，安也。"大同"指在"天下为公"的禅让制基础上所达到的一种理想社会形态，如尧舜之时是也。"小康"指在"天下为家"的世袭制基础上所达到的一种理想社会形态，如禹汤文之时是也。

译文

　　（孔子说）大道流行的时代，天下是公共的，大家选拔有贤德、有才能的人做天子或国君，彼此谈说忠信之行，修习亲睦之事。所以一个人不会只亲爱其亲人，不会只慈爱其子女，让老年人有所归终，壮年人有所使用，年幼者能够顺利成长，鳏夫寡妇、孤儿独父和残废有病的人能有所供养，男人都有职业，女子都能适时嫁人。对于货物，人们只是讨厌其被丢弃在地上，但是不一定非要它们藏在自己的家中；对于气力，人们唯恐其不出于己身，但是不一定非要为了自己。所以阴谋闭藏而不会兴作，抢劫偷窃作乱贼伤之事不会发生，所以门扉从外掩上而不必上键关闭。这就叫做大同社会。

❙解析❙

"大同"是一个政治学概念，是古代儒家所设想的一种极高的理想社会。"大同"的字面意思是极平安、极和谐之义。此种社会如何极端平安、极端和谐呢？本段选文即作了具体刻画。归纳起来，其内涵大体上包括三个方面。其一，天下是公共的，是天下人所有的，同时形式上天下的最高权力通过禅让制来转移，唯以贤德和才能作为选拔的标准。其二，仁义是建构社会秩序的基本道德原则，且在大同社会中这两个原则应当被完全实践出来，所谓"人不独亲其亲"者是也。其三，社会的破坏因素和犯罪现象完全消失了，故"外户而不闭"。这就是大同社会。大同社会是一个高度道德自觉、社会自觉和政治自觉的理想社会，是中国古人最重要的社会理想之一，千百年来它不断激励着大批仁人志士为之奋斗不已。

需要注意，这段文字虽然提到了如何对待财物，但是没有谈到财富的生产问题。从此段文字，我们无法得出如下的结论：《礼运》所说的大同社会，是一个生产力极其发达、物质极大丰富、人类彻底解放的社会。但是，在历史展开过程中，大同社会可以不断面向未来。

乐者为同礼者为异

乐者为同，礼者为异。同则相亲，异则相敬。乐胜则流，礼胜则离。合情饰貌者，礼乐之事也。礼义立，则贵贱等矣。乐文同，则上下和矣。

——《礼记·乐记》

求同存异　和而不同

注释

〔1〕《乐记》：《礼记》之一篇，相传为公孙尼子所作。

〔2〕同、异："同"，齐同、协调好恶；"异"，区别贵贱。

译文

乐的作用是齐同上下的好恶，礼的作用是区别人的贵贱。上下的好恶齐同了，就会彼此亲近；贵贱分别了，就会互相恭敬。如果乐的作用胜过了礼，人们就会放纵无拘；如果礼的作用胜过了乐，人们就会彼此疏离。和合喜怒哀乐好恶的人情，整饬其外貌，这是礼乐的功能。礼的正当性建立起来了，贵贱就有等级区别。乐的文采协调了，上下关系就会和谐。

解析

本段选文阐述了礼乐的社会作用，礼与乐是相反相成的关系。在中国古代社会，礼乐都是必需的。"乐者为同"，"为同"即是齐同上下的好恶，使得彼此的关系亲近和谐，减少其分别性和敌对性。"礼者为异"，"为异"即是分别人的贵贱，分别人的身份，使得彼此有分隔、有条理、有上下和有位置，从而建立起一个彝伦攸叙的社会。归纳起来，礼乐二者都是手段，都是为了建立一个和谐有序的社会。而这个目的，从古至今并无二致。因此在社会建构中，乐的"为同"作用和礼的"为异"作用并不是绝对分开，而是相辅相成的。

儒有合志同方

儒有合志同方，营道同术；并立则乐，相下不厌；久不相见，闻流言不信。其行本方立义，同而进，不同而退。其交友有如此者。

—— 《礼记·儒行》

注释

〔1〕《儒行》：《礼记》之一篇，托名孔子为鲁哀公陈述"儒者之所行"，叙述儒者立身处世的应然行为。《孔子家语》的《儒行》篇，即据《礼记》此篇编写。

译文

（孔子说）有这样一种儒者，与人心志相合的原则相同，求道的术业相同；聚会并立就感到快乐，彼此谦下而不嫌恶对方；长久没有见面，即使听到关于对方的流言蜚语也不相信。双方的行为都应当建立在道义的基础上，不存在彼此阿谀、逢迎对方，同方同义就进而结交为朋友，不同方同义就退而远之。一个有德行的儒者结交朋友是这样的。

解析

本段选文阐明了儒者之行的一个方面，即一个有德行的儒者应当如何交友的问题。儒者应当如何交友？朋友关系，一般以"合志营道"为标准。《儒行》篇则对此做了进一步的规范，认为交友的

求同存异　和而不同

根本原则应当是"同方同术",或者是"同方同义"。"同方"即同道,"同义"与"同道"义近。与人志向相合,《儒行》认为,一定要基于与人同道。同道是合志的前提。"同术"即同其术业,如周公、孔子所传授的六艺。同术是求道的前提和基础。而交友双方的行为都应当建立在道义的基础上。总之,儒者在交友问题上的"同方同术"的"同",是对于道德本身及其实践手段的求同。这种"同",是儒家所认可的,是交友所必需的。

好恶与民同情

　　孔子对曰："所谓贤人者，好恶与民同情，取舍与民同统；行中矩绳而不伤于本；言足法于天下而不害于其身；躬为匹夫而愿富，贵为诸侯而无财。如此，则可谓贤人矣。"

——《大戴礼记·哀公问五义》

注释

　　〔1〕《大戴礼记》：西汉中期戴德所编述的礼学著作，现存 39 篇。

　　〔2〕《哀公问五义》："义"读为"仪"。此篇记述了孔子回答鲁哀公问庸人、士、君子、贤人、大圣五等人仪表的事情。

　　〔3〕统：本义为丝的头绪，这里引申为治理。

译文

　　孔子对答说："所谓贤人，喜好或厌恶与人民的心情相同，取用或舍弃与人民的治理相同；行为合乎规矩准绳而不会伤害本性；言语足以被天下人所效法而不会伤害身体；身为匹夫而想富有，（不懒惰，）贵为诸侯却无私财。像这样，就可以叫做贤人了。"

解析

　　在本段话中，孔子对于什么是"贤人"做了定义和规范。什么是贤人？孔子的回答包括四个方面。一是"好恶与民同情，取舍与民同统"；二是行为符合法度；三是言论高洁；四是身为平民重视赚钱，贵为诸侯却不聚敛钱财。能做到这四点的人，就是贤人。集中起来，贤人就是能够做到以民为本，并能够相应地修其身的人。所谓"好恶与民同情"，即民之所好好之，民之所恶恶之。所谓"取舍与民同统"，这主要是从理财的角度来说的，取财如能达到治理则取之，舍财如能达到治理则舍之，均以能否治理好国家和人民作为理财的依据。而这种"同情""同统"的"同"精神，即是民本精神。自孔孟以来，民本精神一直流淌在中国人的心灵中和中国文化的深处。

其言虽殊譬犹水火

诸子十家，其可观者九家而已……其言虽殊，辟（譬）犹水火，相灭亦相生也。仁之与义，敬之与和，相反而皆相成也……若能修六艺之术，而观此九家之言，舍短取长，则可以通万方之略矣。

—— 《汉书·艺文志》

注释

〔1〕《汉书》：作者为东汉班固，是"前四史"之一。

〔2〕《艺文志》：是对刘歆《七略》相关内容的摘抄。"艺"指六艺，具体指六艺经传。"文"指文献，具体指古代书籍。"志"，是记述的意思，具体指记述古代文献资料的书篇。

〔3〕十家：指儒、道、阴阳、法、名、墨、纵横、杂、农、小说十个学术流派。"九家"则不包括小说家。

译文

诸子十家，其中可观看者不过九家罢了。……这九家的言论虽然殊别，但是它们譬如水火，是既相灭熄又相生成的关系。仁与义，恭敬与和谐，虽然相反，但是彼此相成。……如果能够修习六艺的学术方法，并且观看这九家的言论，舍弃其短处而取用其长处，这样就可以通达治理天下的各种策略了。

┃解析┃

在汉武帝"罢黜百家，表章六经"之后，公羊学所提倡的"大一统"观念逐渐流行起来。与此相应，刘向提出了诸子出于王官论，并以其重构了当时的知识系统，故《汉书·艺文志》先列六艺经传，后述十家，并云此十家出于古之某某王官。本选段文虽然是班固所述，但其实它是刘向、刘歆的思想。

本段选文包括两层意思：第一层，诸子九家言论虽然有异，但是它们像水火一样，是相灭相生的关系。所谓相灭，是从五行图式来说的，指水熄火，或者水克火。所谓相生，指以火济水，而能生成和羹。火水相济的譬说，出自春秋时期的晏婴。这段话又说，诸子九家就像道德上的仁与义、敬与和一样是相反相成的关系。第二层，人们通修六艺之术和取舍九家之长短，就可以通晓治理天下的各种方略。在此，六艺和九家是主从关系。总之，这段话一是强调了相灭相生、相反相成的道理，说明了诸子九家存在的必要性；二是从治国之道来看，所修学问有主从，六艺是主、是统帅，而九家则是从，是可以取舍的。汉人在学术、思想、文化上是相当宽容的，不持专制主义的态度。

美色不同面皆佳于目

必谋虑有合，文辞相袭，是则五帝不异事，三王不殊业也。美色不同面，皆佳于目；悲〈乐〉音不共声，皆快于耳。酒醴异气，饮之皆醉；百谷殊味，食之皆饱。谓文当与前合，是谓舜眉当复八采，禹目当复重瞳。

—— 《论衡·自纪》

注释

〔1〕《论衡》：是东汉思想家王充的著作集。《自纪》是王充的自传体文章。

〔2〕八采、重瞳：属于纬书"圣人异表"的说法。纬书说，尧眉八采，舜目重瞳。

译文

如果认为作文一定要考虑着与前人吻合，文章的言辞与前人相因袭，这就相当于要求五帝所做的事情没有差异，三王所建的功业没有殊别。美色的人虽然有不同的面貌，但是看起来都很美好；欢乐的音乐虽然不只有一种声调，但是听起来都让人很愉快。普通的酒和甜酒的气味虽然不同，但是饮起来都能醉倒人；百谷的味道虽然不同，但是吃起来都能填饱肚子。如果认为写文章应当与前人完全相合，那就等于说舜的眉毛也应当是八采，禹的眼睛也应当是两个瞳仁了。

❙解析❙

　　本段选文是王充对时人否定其文章价值的答复和反批评。时人否定王充文章价值的一个理由是"不类前人"："文不与前相似，安得名佳好，称工巧？"王充对此种文学观或文章观作了批评，他认为文辞相异乃作文的正常现象。不仅如此，王充对"相异相殊"之理作了提升，认为"殊异"普遍存在于历史和经验世界中。五帝异事、三王殊业，这是历史传说之异。"美色不同面，皆佳于目"云云，这是经验事物之异。反对殊异，其实是反对历史变化和经验世界的丰富性，是违反"变化"这一宇宙原理的。因此，时人要求王充将其文辞写得跟前人完全相合，这就好比要求将舜眉画为八采、禹目画为双瞳一样，是非常荒谬的。实际上，殊异和变化不仅是存在于宇宙万物中的普遍原理，而且正是人们追求宇宙和谐与统一的前提。从写作来看，不同的文辞和文风其实关联着不同的思想内容和观点，因此王充的自我辩护也是为其观点和思想作辩护。

太上不异古今

大（太）上不异古今，其次不异海内、同天下之志者，其盛德乎！大人之志不可见也，浩然而同于道。众人之志不可掩也，察然而流于俗。同于道，故不与俗浮沉。

——《申鉴·杂言下》

注释

〔1〕《申鉴》：是东汉荀悦的著作。此书申述历史经验教训，供人君治国理政之用，故曰"申鉴"。

译文

人的最高层次是不分别古今，其次是不分别海内，而与天下人的心志齐同，这样的人就达到了盛大的道德境界啊！大人的心志不可以看到，浩然广大，与道齐同。众人的心志难以掩饰，察然可辨，而流于世俗。与道齐同，所以大人不与世俗相浮沉。

解析

在本段选文中，荀悦区别了大人和众人两种人。并且，大人又分两种：一种是不分别古今，或纵贯古今，而达到至上境界的人；另一种则等而次之，是不区别海内而能与天下人同心同志，达到盛德境界的人。在荀悦看来，大人的心志不可观见，因为它广大无边，浩然与道齐同，超出了世俗者的认知。所以大人的齐同，是与天地齐同，与道齐同。众人则不然，其心志有迹可循，有形可辨，无法掩饰或掩藏，而同乎流俗。所以，是成为大人还是成为众人，这取决于一个人立何种志向。志于大人则成为大人，志于众人则同乎流俗，如此而已。

观听殊好爱憎难同

抱朴子曰："观听殊好，爱憎难同。飞鸟觌西施而惊逝，鱼鳖闻《九韶》而深沈。故衮藻之粲焕，不能悦裸乡之目；《采菱》之清音，不能快楚隶之耳；古公之仁，不能喻欲地之狄；端木之辩，不能释系马之庸。"

——《抱朴子外篇·广譬》

注释

〔1〕《抱朴子》：分内外篇，作者是葛洪。葛洪，字稚川，自号抱朴子，东晋道教学者、炼丹家和医学家。

〔2〕《采菱》：楚人歌曲之一，典出《楚辞·招魂》。

〔3〕古公：即古公亶父，他是季历的父亲、文王的祖父。古公亶父完成了从豳地迁居周原的战略大转移。

译文

抱朴子说："人的眼观耳听有不同的喜好，喜爱和憎恶难以相同。飞鸟看到西施也会惊恐地逃走，鱼鳖听到《九韶》之乐也会下潜到深处。所以衮服藻饰的灿烂，也不能使裸乡人的眼睛愉悦；《采菱》的清越音乐，也不能使楚地仆隶的耳朵愉快；古公亶父的仁慈，也不能劝谕贪求土地的狄人；端木赐的雄辩，也不能说服系马的野人。"

┃解析┃

　　差异是普遍存在的，不同个体、不同种类或者生活在不同环境中的人都有不同的世界观、人生观和价值观。人们喜欢什么、爱恨什么，彼此是不同的，有差别的。对于此理，葛洪举出多个例子来加以阐明。如衮服的粲焕无法使裸乡之目感到愉悦，《采菱》的清音无法使楚隶之耳感到快足，古公的仁慈无法感动贪求土地的狄人，子贡的雄辩无法说服系马的野人。这是因为不同的个体、不同的团体、不同的族群和不同的阶级有不同的世界观、人生观和价值观，对于什么是真、什么是美、什么是善的问题，他们的回答可能是不同的。或者说，世界因为差异性的存在而具有相对性。人因承认相对性的存在而彼此宽容尊重，这会给世界带来和谐、和平、安宁和自由。

第
三
篇

中和篇

尚中贵和是中华民族的传统。中，即中正、适中。『不及则未，过则昃』，是人们对中的肯定。和，即和谐、平和。『众非和不众』，是人们对和的追求。中与和结合，便是中和。《中庸》说：『致中和，天地位焉，万物育焉。』人通过道德修养可以达到与天地万物共通和谐的境界。对于如何达到中和，朱熹提出存养致中、省察致和，王阳明提出『和上用功』，黄宗羲提出『操功只有一意』，戴震提出『问学以扩其心知』。各家这些不同的观点仍是我们今天建设和谐社会、培育中和人格的重要思想资源。

喜怒哀乐之未发

喜怒哀乐之未发，谓之中，发而皆中节，谓之和。中也者，天下之大本也；和也者，天下之达道也。致中和，天地位焉，万物育焉。

—— 《礼记·中庸》

注释

〔1〕《礼记》：亦称《小戴礼记》，由西汉礼学家戴圣所编纂，是儒家十三经之一。

〔2〕《中庸》：《四书》之一，本为《礼记》中的一篇，作者为子思子。

译文

喜怒哀乐尚未萌发表现出来，叫做中；表现出来并符合节度，叫做和。中是天下万事万物的最大本原；和是天下万事万物的普遍道理。到达中和的境界，天地正位，万物生长、繁育。

解析

"喜怒哀乐之未发谓之中"这句话可以作两层理解。其一，"中"指方位的中央；在三维空间中，它又有在内之义。古人认为心是身之中，情感没有萌发之时即在心里面，古人亦称其在"中"。《礼记·乐记》说"情动于中"即是此义。其二，"中"有不偏不倚之义，即所谓"中立而不倚"（《中庸》）。情感没有发动时没有指向性，故无所偏倚。"中"含有喜怒哀乐等情感，是礼仪产生的根源，是政教施行的基础，因此被称为"大本"。"和"是适中、恰到好处的意思。情感发出后恰到好处，这就是和。"致"，达到。"致中和"是一种修养境界，达到此一境界的圣人即能参赞天地的化育，让天地万物达到和谐、有序地生成和发展。"天地位焉，万物育焉"是"致中和"的功效。

君子和而不流

君子和而不流，强哉矫！中立而不倚，强哉矫！国有道，不变塞焉，强哉矫！国无道，至死不变，强哉矫！

——《礼记·中庸》

注释

〔1〕矫：音jiǎo，强健的样子。

译文

君子和顺而不丧失原则，这是真正的强！中正独立而无所偏倚，这是真正的强！国家有道，不（安处荣禄而）改变自己的德行，这是真正的强！国家无道，至死不改变自己的操守，这是真正的强！

解析

孔子的弟子子路向孔子请教什么是"强"，这一段话是孔子对其的回答。孔子认为，真正的强健不是身体强壮有力、勇武过人，而应该是在道德上强健。孔子从四个方面论述了道德的强健：第一是"和而不流"。"流"就是流移、不坚守自己的原则。孔子说："君子和而不同。"（《论语·子路》）君子应当勇敢地坚持正确的原则、不屈服于外界的压力而同流合污。第二是"中立而不倚"。不能因为关系的亲疏远近与好恶有所偏倚。第三、第四是"不变"的原则，分别对应国家有道和国家无道老两种情况。国家有道的时候，不能因为荣华富贵、声名利禄的诱惑改变自我；国家无道的时候，不能因为贪生怕死而逃避责任、改变原则。这四个方面合起来就是，教人无论在什么情况下都要坚持原则、抵御外界的压力。所以孔子的"强"是心灵的强健、道德的强健和意志的强健。

中 为 大 本

中为大本者，以其含喜怒哀乐，礼之所由生，政教自此出也。致，行之至也。位，犹正也。育，生也，长也。

——《礼记》郑玄注

注释

〔1〕郑玄：字康成，东汉著名经学家，两汉经学的集大成者，著作有《毛诗笺》和《三礼注》等。

译文

《中庸》将"中"称为"大本"，是因为它包含着喜、怒、哀、乐等情感，礼制从"中"里产生，政治教化从"中"里产出。"致"，是行走到达的意思。"位"，是端正的意思。"育"，是繁育、生长的意思。

解析

这段话是郑玄对于《中庸》"喜怒哀乐之未发"章的注释。首先，郑玄认为，《中庸》之所以将"中"称为"大本"，是因为"中"是礼教的根本。礼有文、质两个方面，作为情感的质是礼教之本。而"中"包含了各种情感，所以郑玄认为这就是其为"大本"的原因。郑玄将礼与中相联系，这也体现在其他注释中，如注"道之不行也"章时他说："唯礼能为之中。"其次，郑玄解释了"致中和"的功效。这和他将"中庸"理解为"记中和之为用"一脉相承。此外，郑玄强调"中和"要通过践行来达到，这是从德行论的思路来理解"中和"，认为只有践行中和才能改变世界。

喜怒哀乐缘事而生

"喜怒哀乐之未发谓之中"者，言喜怒哀乐缘事而生，未发之时，澹然虚静，心无所虑而当于理，故"谓之中"。"发而皆中节谓之和"者，不能寂静而有喜怒哀乐之情，虽复动发，皆中节限，犹如盐梅相得，性行和谐，故云"谓之和"。

——《礼记》孔颖达疏

注释

〔1〕孔颖达：字冲远，唐代经学家，主持编修了《五经正义》。

译文

"喜怒哀乐之未发谓之中"，是说喜怒哀乐因事物而产生，在这些情感没有表现出来的时候，恬淡安定、清虚恬静，心没有思虑的东西因而顺应于天理，所以称其为中。"发而皆中节谓之和"，是说不再安静而产生了喜怒哀乐的情感，虽然是受到触动而发作，但都符合节度，就好像盐和梅子互相调和，天性与行为彼此和谐，因此叫做和。

解析

这段文字是孔颖达对《中庸》"喜怒哀乐之未发"章郑玄注的疏解。整体来看，孔颖达遵循了"疏不破注"的原则，对郑玄注的精神都有很好的继承。但在具体的注解过程中，孔颖达仍带有个人色彩。其一，孔颖达不像郑玄注那样强调礼与中的关联，而是基于

《中庸》的原始文本来作分析。孔颖达认为"大本"是指情感没有萌发时候的本始状态，放弃了郑玄以"礼""政教"为本的诠释思路。其二，孔颖达的疏解呈现出强烈的尊君色彩。孔氏强调"人君"是"至极中和"，并产生良好治理效果的原因。而这与《中庸》原文不尽一致。

未发之前只平日涵养

或曰："喜怒哀乐未发之前求中，可否？"曰："不可。既思于喜怒哀乐未发之前求之，又却是思也。既思即是已发。才发便谓之和，不可谓之中也。"

—— 《二程遗书·伊川先生语四》

注释

〔1〕《二程遗书》：北宋理学家程颢、程颐的语录汇编，经朱熹编定。

〔2〕程颐：字正叔，世称"伊川先生"，北宋理学家，与其兄程颢合称"二程"。

译文

有学生问："在喜怒哀乐没有发作之前寻求中，是否可以？"程颐说："不可以。既然思索在喜怒哀乐没有发作之前求中，那就已经是思了。既然思了，那便是已发。才一发作便称其为和，不可以称之为中了。"

解析

此段文字是程颐与其弟子讨论中和工夫问题的记录。有学生问程颐是否可以在未发之前"求中"。这一疑问的实质是，在日常工夫之前人是否需要先做一番体察和把握道体的工夫。有部分学者即作如此主张，如杨时认为："学者当于喜怒哀乐未发之际，以心体之。"(《宋元学案》卷 25）但是，程颐认为这样做是不符合《中庸》原意的。《中庸》曰"喜怒哀乐之未发"，是指情感、思绪都没有萌发的状态，程颐认为，一旦人有心地去体察和思虑此"未发之中"状态，其心就已经处于"已发"状态之中了。而据《中庸》原文，"已发"即落入"和"要规范的范围。因此，程颐认为，体验"未发之中"的工夫是存养或涵养，而不是思虑。

未发则性也

喜、怒、哀、乐，情也。其未发，则性也，无所偏倚，故谓之中。发皆中节，情之正也，无所乖戾，故谓之和。大本者，天命之性，天下之理皆由此出，道之体也。达道者，循性之谓，天下古今之所共由，道之用也。此言性情之德，以明道不可离之意。

——朱熹《中庸章句》

注释

〔1〕朱熹：字元晦，号晦庵，南宋理学家，是程朱理学的集大成者，著作有《四书章句集注》等。

〔2〕《中庸章句》：是《四书章句集注》中朱熹对《中庸》的注解。朱熹所撰《四书章句集注》是元、明、清三朝科举考试的依据。

译文

喜、怒、哀、乐，是情。情没有发作的时候，便是性，因为没有偏向，所以称之为中。发作并符合节度，这就是中正的情感，因为没有不合情理的地方，所以称之为和。大本，是上天赋予我们的本性，天下所有的道理都从这里发出，是道的本体。达道，是遵循本性的说法，是天下从古到今都共同遵守的道理，是道的功用。这节说的是性和情的美德，用来表明道是不可背离的。

┃解析┃

　　朱熹认为《中庸》"喜怒哀乐之未发"章的实质是性情关系。他将喜怒哀乐没有发作定义为性，认为"中"是对性未发为情的时候不偏不倚的特性的描述。朱熹所言的"性"指的是天命赋予人的性。因为性的来源是天，所以也是天下所有理的根源。而喜怒哀乐发作之后便是情，"和"指的是情感的发作符合节度。以体用关系来看，中就是道的体，和就是道的用。以动静关系来看，中是静，和是动。先有体，然后有用。用通过行为发用出来。朱熹在注解的过程中充分使用了性情、已发未发以及体用关系作为诠释的结构与框架，其解释的核心是将"中"和天命之性相联系。

中和中庸其实一也

　　以性情言之，谓之中和；以礼义言之，谓之中庸，其实一也。以中对和而言，则中者体，和者用，此是指已发、未发而言。以中对庸而言，则又折转来，庸是体，中是用。

　　　　　　　　　　　　　　　——《朱子语类·中庸三》

注释

　　〔1〕《朱子语类》：南宋黎靖德编，此书汇集了朱熹弟子所记载的朱子讲学语录。

译文

　　从性、情的角度来说，称之为中和；从礼、义的角度来说，称之为中庸，二者其实是一个东西。从中与和相对的角度来说，那么中是体，和是用，这个是相对已发、未发来说的。以中和庸相对的角度来说，那么又转变了过来，庸是体，中是用。

解析

　　在本段选文中，朱熹论述了中和与中庸、中与和、中与庸的关系。朱子将"中"定义为未发之性。但是，并不是所有的"中"都是未发之性，如"时中""执中"之类。由于"时中""执中"是与具体行为相关，所以其中"中"不属于未发之性，而属于已发之用。与这些"中"相对的"庸"，指常理，具有更高的优先性。进一步，朱子认为，中和是性情概念，而中庸是礼义概念。所谓"礼义"，指具体的行事，正如他所说："庸是见于事，和是发于心。"（《朱子语类》卷 62）所以当中和与中庸相对时，中和是体，中庸是用。

中和是人人原有

　　人性皆善，中和是人人原有的，岂可谓无？但常人之心既有所昏蔽，则其本体虽亦时时发见，终是暂明暂灭，非其全体大用矣。无所不中，然后谓之大本；无所不和，然后谓之达道；惟天下之至诚，然后能立天下之大本。

——王阳明《传习录上》

注释

　　〔1〕《传习录》：明代王阳明的语录汇编与信札集，由其门人徐爱、钱德洪等辑成。

　　〔2〕王阳明：即王守仁，字伯安，人称"阳明先生"，明代心学家，主张"心外无理""知行合一""致良知"等，著作有《传习录》等。

译文

　　人性都是善的，中和是所有人原本就具有的，怎么可以说是没有呢？只是平常人的心灵有所蒙蔽，所以他的心灵本体虽然时不时地发显出来，但终究只是暂时光明、暂时熄灭，而没有心的全部之体与广大之用。没有不符合中道的，然后才能称之为最大本原；没有不符合和道的，然后才能称之为普遍道理；只有天底下最诚挚的人，才能确立天底下的最大本原。

解析

　　此段文字从两个层面对中和展开了论述：其一，中和是所有人都天生具有的。王阳明的学生认为，一般人无法做到中和之全体的境界，在日常生活中往往喜怒失常。但王阳明指出，这只是心灵被蒙蔽的结果，就好像不能因为灯时明时灭而认为灭灯时灯不存在。其二，时明时灭说明人在某时某刻做到了中节，那么在那个时间、地点，就可以说那个人是中和的。但这样的中和不能认为是《中庸》所说的"大本""达道"的中和境界。只有我们每时每事都克己修身，做到样样都符合中节的标准，这样才是全面的、真正的中和。

中 和 一 也

直问:"戒慎恐惧是致和,还是致中?"先生曰:"是和上用功。"曰:"《中庸》言致中和,如何不致中,却来和上用功?"先生曰:"中和一也。内无所偏倚,少间发出,便自无乖戾。本体上如何用功?必就他发处,才著得力。致和便是致中。万物育,便是天地位。"

—— 《传习录拾遗》

注释

〔1〕黄直:字以方,嘉靖二年（1523）进士,王阳明弟子。

〔2〕戒慎恐惧:典出《中庸》:"戒慎乎其所不睹,恐惧乎其所不闻。"

译文

黄直问:"戒慎恐惧是《中庸》所言的致和还是致中?"王阳明说:"是在和上面做工夫。"黄直说:"《中庸》说致中和,怎么不去致中,反倒去和上做工夫?"王阳明说:"中与和是合一的。心中没有偏倚的话,过了一会（情感）萌发出来,便自然没有不合情理的地方。本体上又怎么能做工夫呢?一定要在它发出来的地方,才用得上力气。致和就是致中。万物繁育了,就是天地正位。"

解析

王阳明认为,中与和不可分离,致和就是致中。而本体上无法做工夫，因此在发用处的致和做工夫即可。这一思想与朱熹有所差别。朱熹认为，戒慎恐惧是未发时致中的涵养工夫，慎独是已发时致和的省察工夫。王阳明认为，这样的分法将工夫分成了两截，割裂了中与和的关系。所以王阳明其后以火与光的例子来论证中与和的关系，中为本体、和为发用，二者不可分离、即体即用。暗处被照到了，自然说明有光。万物和谐地繁育生息了，自然说明天地正位了。而不需要在万物和谐之外再去操心天地正位的事情。因此，王阳明认为致和就是致中，不应分开来看。但就具体的道德实践来看，王阳明所主张的其实便是在致和上做工夫，而于致中的工夫层面则通过致和进行齐一。

操功只有一意

或摄感以归寂，或缘寂以起感，终是有所偏倚，则以意者心之所发一言为崇。致中者以意为不足凭，而越过乎意；致和者以动为意之本然，而逐乎意；中和兼致者，有前乎意之工夫，有后乎意之工夫。而意拦截其间，使早知意为心之所存，则操功只有一意，破除拦截，方可言前后内外浑然一体也。

——黄宗羲《答董吴仲论学书》

注释

〔1〕黄宗羲：字太冲，号南雷，学者称"梨洲先生"，明末清初思想家，著作有《明夷待访录》《明儒学案》等。

译文

有人安静感官来归于寂静，有人从寂静处发起感觉，终究是有所偏倚，于是把心中所发一个念头当作错误。主张到达中的人认为意念不足以凭借，于是越过意念；主张达到和的人认为动是意念的本然状态，主张追寻意；主张同时达到中与和的人，有在意念发动之前做的工夫，有在意念发动之后做的工夫。而意念拦截在中与和之间，如果早知道意是心之所存，那么操存的工夫只有一意而已，破除拦截的障碍，才可以说前后内外是浑然一体的。

解析

在本段文字中，黄宗羲总结了宋明儒对《中庸》"致中和"的

三种主张，包括求中、求和及兼求中和三种。第一种主张的代表是
聂双江、罗念庵，第二种的代表是王畿、欧阳德，第三种的代表是
朱熹。黄宗羲认为，前两种主张忽略了"致中"或"致和"中的另
一方，第三种在道德实践中仍有割裂，不能真正做到浑然如一。黄
宗羲认为，应当认识到意为心之所存，通过意上的操存，从而可以
破除拦截、浑然一体。所谓"意为心之所存"，这是黄宗羲之师刘
宗周的观点。这种观点反对朱熹等人将"意"作为心之所发者，而
强调其即是心的本体。黄宗羲认为，此种学问可以避免以往学者所
犯的毛病。

致中和者其功非于发与未发也

以喜怒哀乐言中和，性情之德，无一人不可语于此也；以中和言大本达道，孰能尽之哉！致中和者，其功非于发与未发也；由问学以扩其心知，至聪明圣知（智）达天德，乃为致之所极。

——戴震《中庸补注》

注释

〔1〕戴震：字东原，清代著名学者和思想家，著作有《孟子字义疏证》等。

〔2〕《中庸补注》：附载于《孟子字义疏证》（中华书局 1982 年版）一书。

译文

用喜怒哀乐来说中和，讨论性与情的美德，没有一个人不可以对此发表意见；用中和说大本、达道，谁又能穷尽呢！要达到中和的境界，不应在已发、未发上用功。通过求教学习来扩充他的心智知识，至于聪明睿智通达上天之德，那就是能到达的极点。

解析

《中庸》提到君子有"尊德性"与"道问学"的工夫，前者追求德性之知，后者强调闻见之知。戴震辨析了这两个概念，认为德性就好像血气，问学就好像饮食，没有饮食，血气就会衰败。只有像通过饮食来增强体魄那样，不断地问学，德性才能增长、强健。因此，戴震认为，君子德性的达成需要通过知识不断的积累，而君子要实现《中庸》"致中和"的境界，空谈德性并无助益，只有通过"道问学"的方法，为学日笃，用实际行动去践行，才能达成。通过不断地学习，君子的心灵境界与知识水平就会不断提高，最后到达圣人的智慧。戴震以"道问学"对"致中和"的"致"做了新的诠释，这是他区别于前人的思想突破。

教之中和

以五礼防万民之伪而教之中，以六乐防万民之情而教之和。

——《周礼·地官司徒》

注释

〔1〕《周礼》："十三经"之一，原名《周官》，西汉刘歆改名为《周礼》，主要叙述了各种职官名称与职掌。

〔2〕五礼：指吉、凶、兵、军、嘉五大类礼法。

〔3〕六乐：指《云门》《大咸》《大韶》《大夏》《大濩》《大武》六代舞乐。

译文

用五类礼法来防止百姓的诈伪从而教导他们中正，用六种舞乐来防止百姓的情欲从而教导他们平和。

解析

这是《周礼》对于大司徒应当如何教化民众的说明。这段话以礼和乐作为两种教化的手段，并指出其不同的功效，认为礼可以教导百姓中道、乐可以教导百姓和道。礼法可以规范人的行为、防止民众的奢侈、诈伪，使得他们的行为能够符合中正的标准。舞乐可以荡正百姓的情思，使得他们心平气和。《周礼》此处以礼乐教民中和，显示了其对于中和促进社会和谐稳定的重要作用的认识。

求同存异 和而不同

143

和非中不立

夫力竟非众不克，众非和不众；和非中不立，中非礼不慎；礼非乐不履。明王是以无乐非人，无哀非人，人是以众。

——《逸周书·度训》。

注释

〔1〕《逸周书》：原名《周书》，杂史类著作，相传是孔子删订《尚书》的逸篇，主要叙述了周代的史事、礼制、政令等内容。

译文

凭借力气争斗，人不多则难以制服；人多但是不和睦，则无法发挥人多的优势；和睦但是不中正则无法真正确立；中正但是违背礼仪则不慎重；礼仪不欢乐则无法履行。英明的君主因此与民同乐、与民同哀，民众由此而众多。

解析

本选段论述了"和"与"中"在治国理政中的重要作用。在古代，人口是国家实力的重要基础，因此作者首先就人口众多的好处出发，指出人多在争斗中的重要作用。但单纯的人多是否就足够了呢？作者紧接着就否认了这一点，认为不和睦的人多并没有价值。而和睦依赖于中正、中正依赖于礼仪、礼仪依赖于欢乐。作者以双重否定的形式强调了众、和、中、礼、乐的重要性，又层层递进，凸显出这些要素之间相互联系、相互促成的关系。最后，选文强调君主要与民同乐、与民同哀，如此才能真正做到百姓和睦、人口众多。

处中和行无为则天下自化

甚谓贪淫声色，奢谓服饰饮食，泰谓宫室台榭。去此三者，处中和，行无为，则天下自化。

—— 《老子河上公章句·无为》

注释

〔1〕《老子河上公章句》：托名河上公所撰，其实是汉末著作。此书以论治身养生为宗旨，对《老子》作了章句训解。

译文

"甚"指的是对音乐、美色贪得无厌，"奢"指的是（过度的）服饰与饮食，"泰"指的是（过度的）宫室与楼台。去除这三样事物，以中和之道居处，以无为之道行事，那么天下便会自然化育。

解析

本选段是对通行本《老子》第 29 章"是以圣人去甚、去奢、去泰"的注解。此注首先将老子所言的"甚""奢""泰"定义为对外在欲望的过分追求，认为圣人必须去除此这三者。此注认为，圣人境界的含义有二：其一是处中和之道，其二是行无为之事。一方面，此注以中和承接上文，认为去除"甚""奢""泰"是处中和的前提，这种反对过度的思想与中和有一定相似度；另一方面，此注以中和下启"行无为"，认为中和与无为是一致的，可以相互成就，从而为中和的诠释注入了新的思想色彩。

中者天地之所终始也

中者，天地之所终始也；而和者，天地之所生成也。夫德莫大于和，而道莫正于中。中者，天地之美达理也，圣人之所保守也。……是故能以中和理天下者，其德大盛；能以中和养其身者，其寿极命。

——《春秋繁露·循天之道》

注释

〔1〕《春秋繁露》：西汉董仲舒的著作集，由后人编成。

〔2〕董仲舒：西汉《春秋》公羊学家，主张"大一统"，提倡天人感应之学，其著作主要见于《春秋繁露》一书。

译文

中是天地的终结与起始；和是天地的生长与成熟。没有比和更大的德行，也没有比中更端正的道。中是天地之间美好通达的道理，是圣人所保养、坚守的。……因此能够用中和之道治理天下的人，他的德行十分盛大；能够用中和之道保养身体的人，他的寿命很长。

解析

董仲舒将中和与自然天地相联系，提出了"二中"与"两和"的概念，"二中"指的是处于南方之中的夏至与处于北方之中的冬至，"两和"指的是东方之和的春分与西方之和的秋分。在冬至时，阳气初生与阴气结合，是万物萌生的起点；在夏至时，阴气初生与阳气结合，是万物生长的极点。春分万物成长，秋分万物成熟。所以董仲舒以中为天地的终始二端，以和为天地的生成二端。董仲舒以中和配天地，使得中和概念的权威性大大加强。因此，此段话进一步以中和为核心原则，认为中和在治国理政、修身养性方面都有着特殊的功效。在董仲舒看来，由于中和来源于天地，那么人的政事遵循中和的原则自然符合天道，必然能取得超绝的治理原则。而人为天地所生，遵循天地的中和之道，自然也能穷极寿命、颐享天年。

天地之道归止于中和

和者，天之正也，阴阳之平也，其气最良，物之所生也。诚择其和者，以为大得天地之奉也。天地之道，虽有不和者，必归之于和，而所为有功；虽有不中者，必止之于中，而所为不失。

——《春秋繁露·循天之道》

注释

〔1〕阴阳：中国哲学的重要范畴，指宇宙中化生万物的两种气，亦指事物相互对立的两方面。

译文

和是天地的正道，是阴阳二气的平衡。和气是最良善的气，是万物生长的根本。如果能够择取天地间的和气，就能大大地得到天地的扶助。天地之间的道理，虽然有不和谐的部分，但一定会回归到和谐，它的所为才有功效；虽然有不中正的部分，但一定会落实到中上，它的所为才不会有过失。

解析

这段文字论述了中和在天地之道中的地位。董仲舒首先从气论的观念出发，认为中和是阴阳二气之间的平衡，属于天地间的"良气"。万事万物的生成都是基于阴阳二气的平衡与和谐。接下来董仲舒对一种可能的质疑做了回应：既然中和是天地之道，那么天地

间为什么有不中正、不和谐的成分呢？天地间有中和的现象，也有
自然灾害等不中和的现象。董仲舒认为，不和、不中只是暂时的现
象，最终还是会导向中和。就不中和与中和的关系来看，一方面不
中和只是局部的、暂时的现象，不影响中和作为一个贯穿天地终始
的整体道理；另一方面暂时的不中和终究会转化为中和，为天地的
运行做出贡献。甚至在某种程度上，局部的不中和服务于整体的中
和，是为了天地间更好的中和。

不及则未过则昃

甄陶天下者，其在和乎？刚则甈，柔则坏。龙之潜亢，不获其中矣。是以过中则惕，不及中则跃，其近于中乎！圣人之道，譬犹日之中矣。不及则未，过则昃。

——《法言·先知》

注释

〔1〕《法言》：西汉扬雄的著作。此书仿《论语》而作，为语录体，主要宣扬了儒家的哲学、政治与伦理思想。

〔2〕扬雄：一作杨雄，字子云，西汉文学家与思想家。著作有《法言》《太玄》及《长杨赋》《甘泉赋》《羽猎赋》等。

〔3〕甈：音 qì，破裂。

译文

治理国家就如同制作陶器，关键大概在于中和吧！过于刚硬就会破裂，过于柔弱就会难以成型。龙潜伏在下、高亢于上，都没有获得中道。因此（九三爻）过了中（九二爻）就谨慎畏惧，（九四爻）没有到达中（九五爻）就追跃赶及，这大概是接近中道吧！圣人之道就好像太阳处于中正的位置，没有到达那一点就是未及，超过了就是太阳西斜了。

解析

在这段话中，扬雄论述了过与不及都不符合和道，都需要向和道靠拢。而所谓和道，又与是否处于中位密切相关。首先，扬雄以日常经验中常见的制作陶器为例进行说明，制陶的手法不能超过中和的原则（过刚），也不能不及中和（过柔）。其此，扬雄以《周易·乾卦》为据对此理做了说明。初九爻"潜龙勿用"，处于最底下，说的是龙的潜伏；而上九爻"亢龙有悔"，处于九五爻之上，说的是龙的高亢。这两爻均非中爻。那么，人如何达到"和"的状态呢？如果不及，那么我们就应该像乾卦九四爻"或跃在渊"所体现的那样努力地追赶。如果过分，那么我们就应该像九三爻"夕惕若厉"那样，时刻反省自己、戒慎警惕。这段话告诉人们应当时刻反省自身所处的时位，以中和之道为参照，及时调整、改正。

急之与缓俱失中和

人之善恶，共一元气。气有少多，故性有贤愚。西门豹急，佩韦以自缓；董安于缓，带弦以自促。急之与缓，俱失中和，然而韦弦附身，成为完具之人。能纳韦弦之教，补接不足，则豹、安于之名可得参也。

—— 《论衡·率性》

注释

〔1〕王充：字仲任，东汉思想家，著作有《论衡》。

〔2〕西门豹：战国时期魏国政治家，在任邺县县令期间废除了河伯娶妇的陋俗。

〔3〕董安于：春秋时期晋国大夫赵鞅的家臣。

译文

善恶之人都来自同样的元气。人承受的元气有的少有的多，因此人性有的贤能、有的愚笨。西门豹性格急躁，所以佩带皮绳来提醒自己应当和缓；董安于性情和缓，所以佩带弓弦来催促自己。急躁与缓和，都失去了中和之道，但是把皮绳和弓弦带在身上，就能成为完备的人。如果能够接纳皮绳与弓弦的教诲，弥补自己的不足，那么就能成为与西门豹、董安于齐名的第三人。

解析

王充认为，人是禀受元气而生，本质上并无区别，只是由于禀

求同存异　和而不同

受元气的多少不同才导致人的性情才能也有所区分。在人的各种性情中，王充认为中和是最值得推崇的，而性子过急或者过缓都不符合中和之道，是有缺陷的。但是这种缺陷并非不可以弥补。王充列举了当时为人熟知的西门豹与董安于两个人作为例子，说明人只要克服自己性情上的不足，努力向中和之道靠近，便有希望成为完备的人，做出一番功业、闻名天下。这段话展现了一般人如何达到中和之道的方法。大多数人性格上有或多或少的缺陷，这是我们的自然禀赋。但我们不应局限在自然禀赋之中，而应该以中和之道作为目标，在过度的方面进行克制，在不足的方面进行弥补，从而在后天的努力中逐步改善自己的性情。

天道作中地道作和

惟修六则，以立道经。一曰中，二曰和，三曰正，四曰公，五曰诚，六曰通。以天道作中，以地道作和，以仁德作正，以事物作公，以身极作诚，以变数作通。是谓道实。

——《申鉴·政体》

注释

〔1〕《申鉴》：东汉荀悦所著，旨在申明历史教训，以供借鉴。

〔2〕荀悦：字仲豫，东汉史学家和思想家，著作有《申鉴》《汉纪》等。

译文

应当设立六种准则，用来确立道的常则。第一个叫做中，第二个叫做和，第三个叫做正，第四个叫做公，第五个叫做诚，第六个叫做通。以天道为中，以地道为和，以仁的德行为正，以万事万物为公，以自身端正为诚，以权宜适变为通达。这就是治国之道的实际核心。

解析

这段话是荀悦对治国理政方法的论述。他认为，治国的准则有六大要素，分别为中、和、正、公、诚与通，其中中与和是最重要的两个。荀悦虽然没有解释中与和的具体内涵，但却将中、和分别与天道、地道相对应，显示出其对于中和的重视。《国语·晋语六》

说："天道无亲，唯德是授。"天道是中正无私的，君主居处于天下的中央，应当效法天道的中道，不偏不倚。地道则包容天下万物，有生养之功，显示出其和谐的特性。君主作为天下的统治者，应当效法地道的和谐，以包容的心态对待臣民，维持社会的和谐稳定。

人之质量中和最贵

凡人之质量，中和最贵矣。中和之质，必平淡无味。故能调成五材，变化应节。是故观人察质，必先察其平淡，而后求其聪明。

——《人物志·九征》

注释

〔1〕《人物志》：三国魏刘劭的著作，此书总结了识别、选任人物的方法与理论，对人的不同本性、道德、能力等做了评述。

〔2〕刘劭：三国魏思想家，著作有《人物志》等。

译文

人的资质气量中，中和的材质是最珍贵的。中和的资质必然是平淡无味的。因此能够培养成各种优秀材质，适应各种环境的变化。所以观察人才、考察资质，一定要首先考察其是否平淡，然后再寻求他是否聪明。

解析

刘劭在这一节中总结、赞扬了中和的材质。中和的材质在表面上看起来并无特别醒目的长处，但实际上却是各种材质的根本，是其平衡、和谐的体现。中和的材质容纳了其余各种材质的潜力，能够在后天不同的环境与情形中发展出对应的能力。因此刘邵将其作为考察人物资质的核心所在。无论是人际交往，还是选贤举能，识人都是重要的一环。刘邵以中和为最贵的资质，启示我们不能以表面的仪表、能力判断一个人，而应把握人物核心的性情。中和的性情在短时虽不能吸引眼球，但却能够在长久中见其能力与品行。

君子之音温柔居中

（孔子曰）君子之音温柔居中，以养生育之气。忧愁之感，不加于心也；暴厉之动，不在于体也。夫然者，乃所谓治安之风也。小人之音则不然，亢丽微末，以象杀伐之气。中和之感，不载于心；温和之动，不存于体。夫然者，乃所以为乱之风。

——《孔子家语·辩乐》

注释

〔1〕《孔子家语》：三国魏王肃编纂，叙述了孔子及其弟子思想与言行，内容多杂取先秦旧籍。

译文

（孔子说）君子的音乐温柔居中，用来培养生成繁育万物之气。忧伤愁苦的情感不施加在心上；暴烈虐厉的情感不存在于身体中。这样的音乐就是所谓的社会安治的声音。小人的音乐就不是这样，激烈琐碎，用以象征杀戮征伐之气。中正平和之感不处在心中；温柔和煦的举动不存在身体中。这样的音乐就是被用来作乱的声音。

解析

这段话记述了孔子对子路所弹音乐的批评，体现了孔子的音乐观。孔子将音乐分为君子的音乐与小人的音乐两种，前者的特点是中正与柔和，后者的特点是激烈与琐碎。首先，孔子认为君子之音不能过于忧愁、暴戾。不过，孔子反对"忧愁之感"，并不是反对一切消极、负面的情绪，而是认为这种情绪不能过度，这体现出君子之音应当中正的原则。孔子说："《关雎》，乐而不淫，哀而不伤。"（《论语·八佾》）而反对暴厉，则体现了君子之音应当柔和的原则。其次，就聆听音乐的主体感受来说，孔子认为应当将中和之感存载于心中，将温和之动存于身体中。最后，孔子将两种音乐与社会的治乱联系起来，认为中和的音乐是社会安治的体现，而小人之乐则会导致社会紊乱。由此，孔子通过音乐沟通了个人的心性修养与社会治乱二者，强调了中和的君子之乐的重要性。

中也者和也

惟中也者，和也，中节也，天下之达道也，圣人之事也。
故圣人立教，俾人自易其恶，自至其中而止矣。

—— 《通书·师》

注释

〔1〕《通书》：北宋理学家周敦颐的著作，以"诚""主静"贯穿于全书。

〔2〕周敦颐：字茂叔，原名惇实，北宋理学家，著作有《通书》《太极图说》。

译文

只有中，是和，是符合节度的，是天下万事万物的普遍道理，是圣人所能之事。因此圣人树立教化，使人自己改正他的恶行，自己达到中的境界而停止。

解析

这段话阐述了周敦颐对中和的理解。周敦颐打破了善恶对立的简单的二元观念，将人的气质性情引入到了道德讨论中。周敦颐提出了"刚善"与"柔善"的范畴，认为刚强之人的善良与柔弱之人的善良表现出来并不一样。同理，"刚恶"与"柔恶"也不一样。从其思路延展开去，人的气质性情远不止刚柔二种，因此天下之人的品性自然也千差万别。各种各样的善良彼此不一，未必全部符合中和的标准。因此，不能简单地以善恶之分论君子小人，而要以中和作为道德修养的目标。在修养道德的过程中，一方面我们要为善去恶，去除自身的恶习；另一方面要使自己的品性向中和靠拢，过度的地方加以克制，不足的地方加以增补。两方面齐头并进，最终才能达到中和的境界。

乐所以养人德性中和之气

古乐所以养人德性中和之气，后之言乐者止以求哀，故晋平公曰："音无哀于此乎？"哀则止以感人不善之心。歌亦不可以太高，亦不可以太下，太高则入于噍杀，太下则入于啴缓。

——《经学理窟·礼乐》

注释

〔1〕张载：字子厚，人称"横渠先生"，北宋理学家，著作有《正蒙》《经学理窟》等。

〔2〕晋平公：姬姓，名彪，春秋时期晋国君主，前557—前532年在位。

译文

古时的音乐是用来涵养人德性的中正平和之气的。后来谈论音乐的人仅用来求悲哀之情，所以晋平公说："没有比这个更悲哀的音乐了吗？"悲哀就仅能用来触动人不善的心灵。歌咏即不可以太高亢，也不可以太低沉，太高亢就过于局促，太低沉就过于和缓。

解析

儒家对悲音持反对态度，孔子主张音乐要"哀而不伤"（《论语·八佾》）。对于悲音，《礼记·乐记》说"亡国之音哀以思"，认为音乐的过度悲哀与国家的灭亡存在联系。但在某些时期的音乐审美中，出现了以悲为美的取向。王充说："悲音不共声，皆快于耳。"(《论衡·自纪》)这反应了汉代尚悲乐的特征。悲乐的演奏手法、音声变化繁复，具有较强的感染力。而张载反对悲声，主张恢复古乐道德教化的功能。他以中和作为音乐审美的标准与目的。中正的标准要求音乐曲调避免过高、过低，音乐情感避免过乐、过悲。这样的音乐可以陶冶聆听之人的德性，避免情感剧烈的波动，培育人们心中的中和之气。

中其节则谓之和

圣人未尝无喜也，"象喜亦喜"；圣人未尝无怒也，"一怒而安天下之民"；圣人未尝无哀也，"哀此茕独"；圣人未尝无惧也，"临事而惧"；圣人未尝无爱也，"仁民而爱物"；圣人未尝无欲也，"我欲仁，斯仁至矣"。但中其节，则谓之和。

——《程氏外书·大全集拾遗》

注释

〔1〕《程氏外书》：《程氏遗书》的补编或续编，由朱熹编定。

〔2〕象：舜的异母弟，其本性桀骜，多次试图谋杀舜。

译文

圣人未尝没有欢喜，"象欢喜的时候（舜）也欢喜"（《孟子·万章上》）；圣人未尝没有愤怒，"（文王）一怒而安定了天下的百姓"（《孟子·梁惠王下》）；圣人未尝没有哀伤，"哀伤这些失去亲人无所依靠的人"（《诗经·小雅·正月》）；圣人未尝没有惧怕，"遇事谨慎而戒惧"（《论语·述而》）；圣人未尝没有喜爱，"仁爱百姓、爱惜万物"（《孟子·尽心上》）；圣人未尝没有欲望，"我欲求仁，仁就到来了"（《论语·述而》）。但符合节度，就叫做和。

解析

儒家推崇中和，中和是指情感欲求符合节度的境界，而并非是要求人们戒除一切情感欲望，如同木头人一般。一方面来看，这段文字通过列举了儒家经典文献中对道德超绝的圣人的描述，证明圣人也有喜怒哀惧，也有欲求。在拥有、表现情感欲求这一点上，圣人仍属于人这一群体，与常人无异。但区别在于，圣人的情感欲求发动而表现在外的时候，能够做到符合节度。情感欲求是人的自然本性，不应当也不可能被彻底根除。另一方面，此段文字中列举的圣人情感又超越于常人之上。舜对试图谋害自己的兄弟保持亲切、为其欢喜，文王为天下人受到损害而愤怒，圣人为百姓的孤苦而悲哀、为成事而戒惧，仁爱百姓，追求仁德。这些都并非日常经验中简单的情欲，又显示出圣人与常人之间的差异性。

知得过不及处就是中和

问：“良知原是中和的，如何却有过不及？”先生曰：“知得过不及处，就是中和。”

—— 《传习录下》

注释

〔1〕良知：此词出自《孟子·尽心上》，指人先天禀赋的道德意识与能力，后被王阳明提升到宇宙本体的高度，是阳明学的核心范畴。

译文

（王阳明弟子）问：“既然良知本来就是中正平和的，那为什么却有过度和不及的行为？”先生（王阳明）回答：“知道过度和不及的地方，这就是中和。”

解析

王阳明认为，只要良知能够体认到什么是过、什么是不及，那就说明已经达到了中和的境界。这一说法的根源在于阳明“知行合一”的哲学观念。在王阳明的思想中，“知而不行，只是未知”（《传习录上》）。只要你真正知晓了某个道理，你就必然会去行动。如果你没有去行动，说明你知得不够真切。同样的，只有你到达了中和的境界，才能真正意识到你哪些地方做得过了或是做得不及。“知得过不及处”，那么就必然已经知道正确的行为标准，即中和为何。

王夫之论中和体用

《中庸》自其存中而后发之和言之，则中其体也，和其用也。自学者奉之为大本以立于四达之道言之，本乎太和而成无过不及之节，则和又体而中其用也。

—— 《张子正蒙注·中正篇》

注释

〔1〕王夫之：字而农，号姜斋，人称"船山先生"，明末清初思想家，著作有《张子正蒙注》《周易外传》等。

〔2〕体、用：中国哲学的基本范畴，体指本体、实体，用指功用、作用。

译文

就《中庸》存养未发之中、以后发为和来说，那么中是体，和是用。就学者将其奉为大本、立于流行天下的大道来说，植根于太和而成就没有过度、不及的节目，那么和又是体，而中变成了它的用。

解析

这是王夫之对张载"学者中道而立，则有仁以弘之"的注解。王夫之认为，中与和互为体用。就《中庸》未发、已发的描述来说，那么中由于是未发、处于和之前，所以是体。就和是出于太和化生万物、万物各中其节的角度来说，人们以天道中和的和谐作为自身生活、修身养性的根本准则与目标，所以和是体。因此，王夫之反对朱熹以中为体、以和为用的观点，认为和也是体。虽然在中与和的相对中，和不为体，但由于和在其他关系中能够成为被效法的范式，所以也是体。因此，对于体、用的判断，不能根据某一范畴在一对关系中的地位进行判断，而要进行全局的思考。

第四篇

太和篇

和谐是人类的共同追求，「太和」是「和之至也」，代表着中国古代对普遍和谐的最高理想。太和之气化生出了自然与人类，通过和气的相通与感应，古人以各种方式促成天地自然与人类社会的和谐。「人生含和气」气和者养生」，这是人身体的和谐。「太平而和，且大正也」「济济相让，和之至也」，这是社会的和谐。「禽兽草木莫不被其泽」「阴阳和而万物得」，这是人与自然的和谐。和气连结万事万物，人自身的和谐、人与社会的和谐、国家之间的和谐、人与自然之间的和谐于是能够彼此相关、互相促进。

百姓昭明协和万邦

　　曰若稽古，帝尧曰放勋，钦明文思安安，允恭克让，光被四表，格于上下。克明俊德，以亲九族。九族既睦，平章百姓。百姓昭明，协和万邦。黎民于变时雍。

——《尚书·尧典》

注释

　　〔1〕《尚书》：儒家五经之一，又称《书》或《书经》，是上古官方文件和文献的汇集和选集。从文体看，《尚书》包括典、谟、训、诰、誓、命六类。

　　〔2〕曰若稽古："曰若"是发语词。"稽"是考察之义。

　　〔3〕平："采"字之形讹，音 biàn，辨别。

译文

　　稽考古代，帝王尧的名字叫放勋。他恭敬地处理政务、明察是非、经纬天地、通达明智、态度温和，诚实恭敬、能够谦让，光辉照耀四方，至于天上地下。他能够尊明贤德之人，亲近族人。族人和睦团结，辨别彰明百官的职守。百官职守与德行明晰，又使各邦族和谐友睦。天下百姓在尧的教导下也都和睦相处。

解析

　　这段文字对上古帝王尧的品德与功劳做了介绍。选文在介绍尧的功绩时由小到大、从近到远展开，首先论述尧和睦家族，其次论述尧和谐百官，然后论述尧昭明百姓，最后论述尧"协和万邦"。"协和万邦"即是协调不同邦族之间的关系，使得各个邦族能够和睦相处、共同发展。"协和万邦"这种和合的精神与《易传》"保合太和""万国咸宁"等论述一道构成了中华文明的传统核心价值，也为后来的历代思想家与政治家所继承。"太和"是和谐到了极点的意思，"协和万邦"传达的就是这样一副美好的图景。习近平总书记曾多次引用"协和万邦"这句典故，表达了中华民族促进人类文明交流交融、相互借鉴的优良传统与美好愿景，凸显了中国传统"和"文化在构建人类命运共同体过程中的重要作用。

冲气以为和

道生一,一生二,二生三,三生万物。万物负阴而抱阳,冲气以为和。

——王弼本《老子》第四十二章

注释

〔1〕《老子》:又称《道德经》,是道家的基本经典,作者是春秋末期的李耳。王弼本是《老子》的通行本之一。

译文

道化生出一,一化生出二,二化生出三,三化生出万事万物。万事万物背负阴气怀抱阳气。阴阳二气激荡而达到和谐。

解析

本章论述了老子的宇宙生成论。老子将"道"这一本根作为天地万物生成的总根源。"道生一"描述的是从混沌中生出有来的过程,而有在本章中的表述即为一。"一生二",下文说"万物负阴而抱阳",因此"二"指的便是阴阳之气,从有中化生为阴阳二气。"二生三",下文说"冲气以为和",因此"三"可以理解为冲和之气,即阴阳二气形成冲和之气。"三生万物"是说"三"这个冲和之气生化了世间的万物。"三"先于万物而存在,故部分汉代学者认为"一""二""三"是形而上者,其所化生的天地万物是形而下者。冲和之气扮演了沟通形上、形下的重要角色。冲,是交冲、激荡的意思。和，是指阴阳二气的和合。冲和，即阴阳二气相互激荡、和合的过程。因此可以说，这一章表达了万事万物都是从和谐中产生的观念。

保合太和乃利贞

大哉乾元，万物资始，乃统天。云行雨施，品物流形。大明始终，六位时成，时乘六龙以御天。乾道变化，各正性命，保合太和，乃利贞。首出庶物，万国咸宁。

——《乾·象传》

注释

〔1〕《象传》：《易传》之一，分上下两篇，主要解释卦名与卦辞。

〔2〕六龙：喻指《周易·乾卦》的六爻。

译文

乾的元德真伟大啊！万事万物都资取自乾元之气而产生，它统领着自然。云朵飘行、雨水降落，各类事物流布成形。彻底明晓万物终始之道，六爻之位依据时节而成，乾元依时乘驾六爻的阳气来统御自然。乾的道理使万物渐变卒化，万事万物各自正定自身的本性，保全太和的元气，于是有利于贞固正己。乾元统领万事万物，天下各国都安宁和谐。

解析

此段文字描述了天道大化流行，万物由和气而生、各得其正的场景。《象传》说"保和太和"，首先具有自然层面的含义。太和是指的是阴阳交合的冲和之气。《系辞下》说："天地絪缊，万物化醇。"天地絪缊即是对太和之气流行变化的另一种表述。这种观点认为，

求同存异　和而不同

177

世界上所有的事物都是阴阳二气互相摩擦、交感而产生的。"太和"，即和谐到了极点，是对这种气之和谐的描述。这种对阴阳二气的赞美是基于古人对自然界和谐共美的认识而产生的。其次，"保和太和"也具有社会层面的教化含义。人是太和之气的产物，《象传》教导我们要通过对天地大化流行的认识，继承太和之气中的和谐之德，要努力"保和"自身、社会及自然的和谐稳定。因此，"保和太和"中蕴含着自然内部的和谐、人与自然二者的和谐以及人与人之间的和谐等丰富的和谐文化内涵。

二气感应以相与

　　咸，感也。柔上而刚下，二气感应以相与。止而说（悦），男下女，是以"亨，利贞，取女吉"也。天地感而万物化生，圣人感人心而天下和平。观其所感，而天地万物之情可见矣。

——《咸·象传》

注释

　　〔1〕《咸卦》：今本《周易》第31卦，卦画为䷞，上兑下艮，上泽下山。"咸"是感应之义。

译文

　　咸的意思是交感。兑柔和居上，艮刚硬居下，刚柔二气交感相应、相互授与。交感时稳重且欢悦，如同男性求娶女性，因此"亨通，有利于正固持守，娶妻十分吉祥"。天地交感，万事万物化育生成，圣人感化人心，天下和谐昌平。观察事物的感应，那么天地中万事万物的性情都可以了解。

解析

　　"咸"是感应的意思，因此《咸卦》的《象传》也从此点入手进行解释。《象传》首先从卦象来进行说明。《咸卦》的上部分是兑，有柔和、女性的含义；下部分是艮，有刚硬、男性的含义。按照传统的观念，柔和的阴气一般居下，刚硬的阳气一般居上。如果卦画也这样安排，那么二气就不得交感。因此，《咸卦》的卦画体现出二气交感的趋势。这是就自然界阴阳二气的交感和合而言。其次，《彖传》进一步从天道推衍到人道，结合卦辞以男性求娶女性这个社会中刚下柔的例证来进一步说明。因此，"二气感应以相与"是自然界与人类社会的普遍规律，并且是自然事物得以生成、人类得以生育繁衍的原因。最后，《彖传》进一步推明感应的功效。圣人通过与民众的相互感应，一方面能够了解百姓，另一方面能够使百姓了解圣人、得到教化。通过感应，可以更好地了解人类社会与自然世界。

德生于和

春者，天之和也；夏者，天之德也；秋者，天之平也；冬者，天之威也。天之序，必先和然后发德，必先平然后发威。此可以见不和不可以发庆赏之德，不平不可以发刑罚之威。又可以见德生于和，威生于平也。

——《春秋繁露·威德所生》

注释

〔1〕董仲舒：西汉思想家、经学家，主张天人感应的思想，著作有《春秋繁露》等。

译文

春天是天的温和，夏天是天的恩德，秋天是天的公平，冬天是天的威严。天的顺序，必定是先温和然后发出恩德，必定是先公平然后发出威严。由此可以知道没有温和就不能够发出奖赏的恩德，没有公平就不能够发出刑狱处罚的威严。还可以知道恩德在温和中产生，威严在公平中产生。

解析

这段文字将人类，尤其是统治者，的行为与自然现象相联系，将自然人格化。董仲舒认为，春天万物生长，所以代表温和；夏天万物繁茂，所以代表恩德；秋天万物收成，所以代表公平；冬天万物肃杀，所以代表威严。而从自然四季的顺序来看，先春后夏，所以董仲舒说"先和然后发德""德生于和"。这种说法反映了董仲舒对"和"在自然界万物生成的重要地位的认识。由和到德再到平最终到威，这是太和之气的生化流行在季节变化中的具体体现。和是序列的起点，每一年这个流行的序列都在不断重复，显示出太和之气生生不息、循环往复的特征。同时，自然界的四季变换能够延展到统治者的施政方法，这是基于太和之气贯通天人、和谐一致的缘故。

天地之气莫大于和

天地之气，莫大于和。和者，阴阳调，日夜分，而生物。春分而生，秋分而成，生之与成，必得和之精。故圣人之道，宽而栗，严而温，柔而直，猛而仁。太刚则折，太柔则卷，圣人正在刚柔之间，乃得道之本。积阴则沉，积阳则飞，阴阳相接，乃能成和。

——《淮南子·泛论》

注释

〔1〕《淮南子》：西汉淮南王刘安及其门客编著，又称《淮南弘烈》，以黄老思想为主，综合了先秦各家主张。

〔2〕"宽而栗"等句：描绘圣人气象，典出《尚书·舜典》和《皋陶谟》。

译文

天地间的气中，没有比和气还要大的。和气使得阴阳调和、日夜分明，万物得以滋生。春分时节滋生，秋分时节成熟，滋生与成熟，一定得到了和气的精华。因此圣人的为人之道，宽和而坚定，严厉而温和，柔和而正直，威猛而仁和。过于刚强就容易折断，过于柔弱就容易卷曲，圣人正好处于刚柔的中间，才能得到大道的根本。堆积了阴气就会下沉，堆积了阳气就会上飞，阴阳二气相互接合，才能成就和气。

┃解析┃

　　和气是值得推崇呢，那么和气具体有什么功效？和气又是如何产生的呢？此段文字对以上问题进行了解答。本段认为，天地间有许多各种各样的气，和气是其中最特殊、最重要的一种，因为它与世界的平和与秩序直接相连。自然宇宙是有秩序的、和谐的，因此产生自然宇宙的气也必然应当是秩序、和谐的气，也就是和气。具体来说，在自然宇宙的底层，和气调和了阴阳、使得日夜得以秩序的划分。在自然界的表层，万事万物从和气中得到了生命的动力精华。而和气是阴气、阳气处于接合状态下的产物。作者将"中和"的概念引入"太和"的讨论，强调了和气以及圣人之道的既不过度也不缺乏，从而使得我们可以更好地把握和气的特质。

天道之贵也

天道之贵也，非特天子之为尊也，所在而众仰之。夫蛰虫鹊巢，皆向天〈太〉一者，至和在焉尔。帝者诚能包禀道，合至和，则禽兽草木莫不被其泽矣，而况兆民乎？

——《淮南子·泛论》

注释

〔1〕天一：杨树达认为当作"太一"；太一指北极神。

译文

天道的尊贵，不仅仅只是像天子被尊崇的那样，而是所在的地方被万物敬仰。蛰伏的虫豸与鸟雀的巢穴，都朝向北极神，那是最和的气所在的地方。帝王如果真的能够禀受天道，和合最和之气，那么飞禽走兽、树木草植没有不被他的恩泽所覆盖，何况万亿民众呢？

解析

本段选文对和气所处的具体位置进行了描述。一般认为，和气就是阴阳冲和之气，是万物生化的根源。那么这种和气是否有一个具体的空间上的来源呢？作者从天子之为尊的现象进行了推衍，认为天道比天子更为尊贵，那么理应处在一个更核心的位置。古代天子居于国之中央，《新书·属远》曰："古者天子地方千里，中之而为都。"而和气不仅应当居于中央，而且应该高于中央，以显示其尊贵的特性。北极星位于天穹中央，古代有北极神崇拜。所以本段选文将至和之气的位置归于北极星，以凸显出其崇高的地位。处于高位的至和之气在空间上有一种流溢下降而披覆万物的想象空间。另外，北极星处于天穹的中位，至和之气这样的位置安排反映出作者对"中"的尊贵性的认同，显示了作者将"中"与"和气"相联系的思想倾向。

天地和同草木萌动

是月也，天气下降，地气上腾，天地和同，草木萌动。王命布农事，命田舍东郊，皆修封疆，审端经〈径〉术（遂）。

—— 《礼记·月令》

注释

〔1〕《礼记》：亦称《小戴礼记》，儒家十三经之一，由西汉中期的礼家戴圣所编。

〔2〕田：指田畯，掌管农事的官员。

译文

这一个月，天上之气下降，地中之气上升，天地之气和合同一，草植树木开始萌芽。天子命令布置农业生产，命令掌管农事的官员居住到国都以东的郊外，所有田地的边界都进行修正，审查、修缮田间小道与沟渠。

解析

《月令》此节记述了孟春之月，也就是春季的第一个月的气候、物变与政事。春季是万物复苏、生长的季节，面对这样的自然现象，古人对其的解释是天气、地气和同的结果。所谓天气、地气，就是在天上的清阳之气和在地中的浊阴之气。这一看法与《周易》的以乾为阳为天、以坤为阴为地一致。古人认为，地气上升就形成云雾，天气下降就形成雨水。这种观点与自然世界中雾气上升、雨水下落的直观经验相一致，展现了古人朴素的自然哲学观念。而春季的特点就是二气的交合形成了和气，和气又导致万物生长。这是《月令》论述的第一层，即自然的层面。人类社会应当根据自然的变化而及时应对，因此《月令》由此进行了第二层的论述，即统治者应当如何施行政事。此处作者认为天子需要顺应和气的生成，开展农事的工作，并由此列举了一系列相关的行政措施，显示出和气贯通天人的特征。

阴阳和而万物得

乐由阳来者也，礼由阴作者也，阴阳和而万物得。

——《礼记·郊特牲》

注释

〔1〕《郊特牲》：《礼记》篇目之一。"郊"是祭天之名，祭祀需用一牛，所以名"特牲"。

译文

乐是由阳气产生的，礼是由阴气产生的，阴阳二气相和谐那么万物就各得其所。

解析

音乐是抒发感情、促进和谐的功用，音律跳动，因此与阳相配。因为是受外在的自然之声所感染，所以叫做"来"。礼仪是收敛形体、端庄肃穆的，因此与阴相配。礼乐二者交互相融，于是便阴阳调和。选文这里说"阴阳和而万物得"，可以从两个层面来理解。其一，代表阳的音乐与代表阴的礼仪二者和谐，君子既有温和之感，又有肃穆的气象，人格完善，因此能够很好地治理国家，万物在君子的治理下也能各得其所、彼此和睦。其二，"阴阳和而万物得"也含有阴阳二气相合化生万物的生成论色彩。从这两个层面来看，选文强调了君子综合礼乐，便可以使得万物像阴阳化生一样获得新的生命，凸显了君子的人格魅力与礼乐的重要性。

乐者天地之和也

乐者，天地之和也。礼者，天地之序也。和故百物皆化；序故群物皆别。乐由天作，礼以地制。过制则乱，过作则暴。明于天地，然后能兴礼乐也。

——《礼记·乐记》

注释

〔1〕《乐记》：《礼记》篇目之一，作者相传为公孙尼子。

译文

乐是天地间的和谐，礼是天地间的秩序。和谐因此万物都能生化；秩序因此万物彼此区别。乐是根据天来创作的，礼是依据地来制作的。礼制定失误就会混乱，乐创作失误就会文乐、武乐失调。明白天地的道理，然后才能兴作礼乐。

解析

这一节说明礼乐是从天地而来的，强调王者一定要对天地之道有所明晰，这样才能兴起礼乐。所谓乐是"天地之和"，是因为古人认为音乐具有调和阴阳的作用，而阴阳二气调和万物就会生化。礼则可以明晰贵贱，使万物有别，所以是"天地之序"。以上是就天地作为一个整体而言。如果将天地进行区分，以天地各自的特征而言，那么乐就与天相联系，礼就与地相联系。《礼记·郊特牲》说："乐由阳来者也，礼由阴作者也。"音乐灵动，乐气变化，因此为动属阳属天；礼仪稳重，追求肃穆，因此为静属阴属地。因此，乐生于阳，法天而作；礼主于阴，法地而制。古人为人类社会中的礼乐找到了阴阳二气的天地之道的根据，而礼乐的和谐就如同阴阳二气相和而太和一样，因此礼乐"阴阳和而万物得"（《礼记·郊特牲》）。

神明为宗太和为祖

天地所由，物类所以：道为之元，德为之始，神明为宗，
太和为祖。道有深微，德有厚薄，神有清浊，和有高下。清者
为天，浊者为地，阳者为男，阴者为女。……或为小人，或为
君子，变化分离，剖判为数等。

—— 《老子指归·上德不德篇》

注释

〔1〕《老子指归》：又名《道德指归论》，西汉严遵所著。

〔2〕严遵：字君平，西汉思想家，扬雄的老师，著有《老子指归》
等。

译文

自然、万物是这样产生的：道是最开始的元，德是其次的始，
神明是其后的宗，太和是其后的祖。道有深邃与微妙，德有厚与
薄，神有清与浊，和有高与下。清轻的事物成为天，浊重的事物成
为地，阳物形成男性，阴物形成女性。……有的人成为君子，有的
人成为小人，根据气的变化与分离，分别为不同的级别。

解析

严遵此段文字论述了人由于禀受气的不同，所以性别、资质、
性情也有差别。严遵依据通行本《老子》第四十二章"道生一，一
生二，二生三，三生万物"的思路，构建了一个道→德→神明→太和

→万物的从虚无到实有的生成序列。其中，太和是承接形上的道、德、神明与形下万物的核心支撑。此段文字就是对太和元气如何经过清浊、阴阳等差别的分化而化生万物的详细描述。传统观点一般认为天地万物是由和气生化，而严遵对于和气如何生化、天地万物如何彼此区分的问题做了进一步说明。他认为，人类的性情、命寿、情感、意志千差万别，但这并不能说明人的来源是不一样的，而是因为太和之气根据气的高下、清浊、阴阳等性质汇聚不同，因而人的禀受也不一样，所以天下的人也千差万别。

众贤和于朝则万物和于野

（刘向曰：）臣闻舜命九官，济济相让，和之至也。众贤和于朝，则万物和于野。故《箫韶》九成，而凤凰来仪；击石拊石，百兽率舞，四海之内，靡不和宁。

——《汉书·楚元王传》

注释

〔1〕《汉书》：东汉班固所作，是中国第一部纪传体断代史。

〔2〕九官：指帝舜所任命的九位大臣，即禹、弃、契、咎繇、垂、益、伯夷、夔、龙九人。

〔3〕《箫韶》：相传是帝舜的乐曲名。"箫韶九成"下四句，出自《尚书·益稷》篇。

译文

（刘向说：）臣下我听说帝舜任命九位大臣，众官相互谦让，和睦到了极点。众多贤人和睦于朝廷，那么万物就能和睦于原野。因此箫管九次演奏《韶》，凤凰就飞来；敲打石磬，百兽都相率来舞。四海之内，没有不和谐安宁的。

解析

此段文字论述了和气导致吉祥、乖气导致灾异中"和气致祥"的部分。刘向引上古时期的事例为证，说明朝廷之内和气充盈，则国家天下也会随之和谐，甚至会有"凤凰来仪""百兽率舞"等祥瑞出现。"和气致祥，乖气致异"是以天人一气作为思想背景的，认为气贯通天人，因此天与人能够互相影响。此处强调了人对于自然界的影响，认为朝廷上的人心和睦、政事和谐能够产生连锁的效果，从而使得和气由朝廷蔓延至郊野，由此达成天下和谐。而天下和谐的显著特征就是祥瑞的出现。通过天人一气来劝导执政者警醒自身、和谐施政是中国古代政治哲学的重要特征。

心和则气和

（公孙弘对曰）臣闻之，气同则从，声比则应。今人主和德于上，百姓和合于下。故心和则气和，气和则形和，形和则声和，声和则天地之和应矣。故阴阳和，风雨时，甘露降，五谷登，六畜蕃，嘉禾兴，朱草生，山不童，泽不涸，此和之至也。故形和则无疾，无疾则不夭，故父不丧子，兄不哭弟。德配天地，明并日月，则麟凤至，龟龙在郊，河出图，洛出书，远方之君莫不说义，奉币而来朝，此和之极也。

——公孙弘《举贤良文学对策》

注释

〔1〕公孙弘：字季，西汉经学家，汉武帝时期曾任丞相。

〔2〕《举贤良文学对策》：载《汉书·公孙弘卜式儿宽传》。

译文

（公孙弘回答说）臣下我听说，气相同便会跟从，声音相近就会相应。如今皇上在上施行和德之政，百姓在下和谐同心。因此，心和谐气就和谐，气和谐形体就和谐，形体和谐声音就和谐，声音和谐天地间的和气就会与之相应。因此阴阳相和谐，风雨及时，天降甘露，五谷丰登，六畜兴旺，茁壮的禾稻就会兴长，红色的瑞草就会生长，山间草木茂盛，湖泽不干涸，这是和谐到了极点。因此形体和谐就没有疾病，没有疾病就不会夭折，因此父亲不会失去儿子，哥哥不会为弟弟哭丧。德行匹配天地，明德与日月同辉，那么麒麟、凤凰就会到来，吉祥的龟与龙就会在郊野出现，黄河会出现龙图，洛水会出现龟书，远方国家的君主没有不钦慕的，派遣使者携带礼品前来朝奉，这是和谐到了极点。

┃解析┃

　　公孙弘的《举贤良文学对策》是汉代政论文献中的经典。公孙弘论述和同有着明显的易学思想痕迹。其一，此段第一句就说"气同则从，声比则应"，这是化用自《乾卦·文言》中的"同声相应，同气相求"句，继承了《周易》物类相应的思想。《周易》的物类相应是以太和之气生化万物为思想背景的，这也是公孙弘《对策》的思想基石。其二，公孙弘极言和谐，认为君主追求和谐则百姓和谐，乃至于天下万物和畅生长、祥瑞频现、万国来朝，这是对《乾卦·象传》中"保和太和，乃利贞。首出庶物，万国咸宁"的太和思想的进一步发挥，既注重人事和谐，也注重自然和谐，天地之气与人相呼应。其三，选文用"德配天地，明并日月"来形容皇帝的德行，典出《乾卦·文言》"夫大人者，与天地合其德，与日月合其明"。总之，公孙弘发扬了《周易》中太和与感应的观念，主张君主应当施以和谐的德政。

圣人禀和气

圣人禀和气，故年命得正数。气和为治平，故太平之世，多长寿人。

——《论衡·气寿》

注释

〔1〕王充：字仲任，东汉思想家，著作有《论衡》。

〔2〕正数：指百岁的命数。

译文

圣人禀受的是和气，所以寿命都到了百岁的正常寿数。二气调和则社会安治太平，所以太平时代多长寿的人。

解析

王充在《气寿》篇中认为人的寿命是由他所承受的气所决定的，反驳了寿命是由上天决定的观点。王充认为，人是承气而生的，人在母亲怀胎时禀受了不同的气，有的多有的少，有的厚有的薄。承气多的、厚的就身体强健、寿命悠长，反之则体弱多病、命短早夭。他以妇女生育过多孩子易早夭为例进行论证，具有科学探索的精神。而历史上的圣人往往寿命很长，所以王充认为圣人禀赋的是和气。这是气决定人寿命的一方面。另一方面，王充认为，人类也可以改变气、从而改变寿命。但王充不主张通过养生的方式改变个体的气命，而是认为可以通过统治者的良善治理，使得社会安定，改变世间的气，从而使得社会中人的寿命大大增加。王充的观点在当时具有进步意义。

气和者养生

凡天地之间，气皆纯〈统〉于天，天文垂象于上，其气降而生物。气和者养生，不和者伤害。

——《论衡·订鬼》

注释

〔1〕纯：系"统"字之误，二字形近。

译文

凡是天地之间，气都统属于上天，日月星于天上显示征兆，它们的气下降并生成万物。和谐的气有利于生命，不和谐的气伤害生命。

解析

本段选文首先交代了气的来源，认为无论气的种类为何，都是来自于天的。同时，此节将天的概念限定在运行在天空中的日月星辰等星象，认为从这些星象中下降出了气，从而产生了万事万物。王充以具体可见的星辰作为气的来源，一方面反映了他反对将不可见、不可知的神明作为气的来源；另一方面也说明他对于世界的认识还比较粗糙。其次，选文还将气分为两种：一种是和气，一种是不和之气。和气能够养生，而不和之气会产生伤害。另外，王充还认为存在不和之气产生的鬼，从而能够伤害到人，这也是他思想有悖于今日认知的部分。

和 气 生 人

天地壹郁（氤氲），万物化淳（醇），和气生人，以统理之。
是故天本诸阳，地本诸阴，人本中和。三才异务，相待而成，
各循其道，和气乃臻，机衡乃平。

——《潜夫论·本训》

注释

〔1〕《潜夫论》：东汉王符著作，此书批判了当时流行的占卜、巫
术等习俗和思想。

〔2〕王符：字节信，东汉思想家，终身不仕，作《潜夫论》讥讽
时事。

〔3〕机衡：指北斗七星中天玑星与玉衡星，也代指北斗星。

译文

天地之气交合，万物生化而精醇，阴阳和合之气产生出人类来
总管万物。因此天来源于阳，地来源于阴，人来源于中和之气。天
地人三者事务不同，相互依赖、彼此成就，各自遵循自己的规律，
中和之气才会来到，北斗星才会平衡。

解析

此段选文从和气生人与人统理万物两个层面论述了人与和气的
关系。就前者来说，王符继承了《易传》的观点，认为人是由阴阳
和合之气产生的。这一点从他直接引用《系辞下》的"天地细缊，

万物化醇"作为选文首句即可看出。这是就和气对人的影响来说的。就后者来说，王符强调了人对于和气的反作用。王符认为，虽然人和万物都是气化生成的，但是人作为万物之灵，天生具有统领万物的资质，与天地并列为三才。而只有人遵守自己的规则，才能和天气、致太平。这说明了人的行为能够对天地产生影响，因此人君治国理政需要朝着与天地和谐的目标努力，这样才能发挥人的主观能动性，完成人的职责，兴大化、致太平。

元气不和无形神人不来至

元气不和，无形神人不来至；天气不和，大神人不来至；地气不和，真人不来至；四时不和，仙人不来至；五行不和，大道人不来至；阴阳不和，圣人不来至；文字言不真，大贤人不来至；万物不和得，凡民乱；财货少，奴婢逃亡。凡事失其职。

——《太平经·九天消先王灾法》

注释

〔1〕《太平经》：又名《太平清领书》，东汉晚期流行的道教经典，明正统《道藏》本残存五十卷。

译文

元气不和谐，无形委气的神人就不到来；天之气不和谐，大神人就不到来；地之气不和谐，真人就不到来；四个时节不和谐，仙人就不到来；五行不和谐，大道人就不到来；阴阳不和谐，圣人就不到来；文书所言不真确，大贤人就不到来；万事万物不能和谐相处、各得其所，平民百姓就会动乱；财货减少，奴婢就会逃亡。各类职事都失去了本分。

解析

本段文字选自《九天消先王灾法》，九天指的便是选文中所提到的无形神人、大神人、真人、仙人、大道人、圣人、大贤人、凡民以及奴婢九等人。这九等人有各自的职事，如无形神人的职责是条理元气，大神人的职责是条理天气，等等。由此，从无形神人至于奴婢构成九个等级，从元气到财货这九气也相应地构成九个等级。此段文字就描述了任何一气不和的后果，其中有三点需要注意：其一，九类人与九种气一一对应，这是由于物类感应的原理，如无形神人无形，所以与元气相类。其二，该文以气统合各类职事，最高级的为元气，最低级的为财货，以气贯穿始终，反映了气论是其基本的思想背景。其三，选段以和为气的最高价值，认为只有和谐之气存在的情况下，各人才能妥善地处理各类职事；反之，如果气不和，那么就会"凡事失其职"。这显示出和气在作者心目中的崇高地位。

故言太平气至也

气之法行于天下地上，阴阳相得，交而为和，与中和气三合，共养凡物，三气相爱相通，无复有害者。太者，大也；平者，正也；气者，主养以通和也；得此以治，太平而和，且大正也，故言太平气至也。

—— 《太平经·三合相通诀》

注释

〔1〕中和气：《太平经》以中和气与人对应，认为该气主治理、好成。

译文

气所秉持的规律运行于天上地下，阴阳二气相互协调，交汇而构成和气，阴阳二气与中和气三合为一，共同养育万物。三种气彼此相爱、融通，没有存在互相加害的情况。"太"字是广大的意思；"平"字是公正的意思；气是主导养育来贯通和谐的；得到这个办法去治理，就会天下太平且和谐，并且十分公正，所以说太平气到来了。

解析

本段文字选自《三合相通诀》，篇题意为三种事物相合融通。《太平经》既以太平为主题，那么如何使得太平气到来自然也是一个重要的问题。因此，选文便试图解答这个问题。《太平经》将元气主

求同存异 和而不同

要分为三处，即天、地、人三者。与其对应的分别是主生的太阳气、主养好杀的太阴气以及主治理好成的中和气。而只有这三种气相互交合，并以和气治理天下，才能使得天下太平，太平气到来。选文以"太平"为大正之义，认为气之大正与人之太平相一致。由此可见，太平气便是太平盛世之气，这种气的产生需要通过人与天地配合才能达到，这也是篇名"三合相通"之义。

人生含和气

（人之生也柔弱……）人生含和气，抱精神，故柔弱也（其死也坚强。）人死和气竭，精神亡，故坚强也。（万物草木之生也柔脆……）和气存也。（其死也枯槁……）和气去也。

—— 《老子河上公章句·戒强》

注释

〔1〕《老子河上公章句》：托名河上公所作，其实是汉末作品。河上公本是《老子》的通行本之一。

译文

（人生下来的时候身体柔弱……）人活着的时候禀含着和气，怀藏精气和元神，所以身体柔弱。（人死了的时候身体就很坚硬……）人死去之后和气枯竭，精气、元神消亡，所以身体僵硬。（万事万物一草一木活着的时候都很柔弱……）和气存在的缘故。（死去的时候就变得干枯……）和气离开的缘故。

解析

这段文字是河上公对通行本《老子》第七十六章前半段的注解。《老子》的原文通过对比人与万物存活时期的柔弱与死亡时期的刚硬来说明柔弱胜刚强的道理，但并没有说明这一现象背后的原因。河上公将和气视为产生差别的根源所在，认为和气的有无是导致柔弱与刚强的关键所在，也是区分生与死的核心要素。所谓和气，就是阴阳调和之气，与清气、浊气相对。河上公认为，和气的流行是万物生化的根源。因此，在河上公的注解中，和气这一概念的重要性反而超过了柔弱，因为和气是柔弱的原因与根据。在其他章的注解中，河上公进一步对如何通过口鼻的运用获取天地间的和气做了发挥。由此，河上公在注解中将《老子》原文推崇柔弱的辩证哲学观念改造为了推崇和气的养生观念，这也是其和气观念的体现。

政善民安则天下之心和

　　乐者，本乎政也。政善民安，则天下之心和。故圣人作乐，以宣畅其和心，达于天地，天地之气，感而太和焉。天地和，则万物顺，故神祇格，鸟兽驯。

——《通书·乐中》

注释

　　〔1〕周敦颐：字茂叔，原名惇实，北宋理学家，著作有《通书》《太极图说》。

　　〔2〕神祇："祇"音 qí，即天神与地祇。

译文

　　音乐是植根于政事的。政事和善、民众安宁，那么天下人的心灵就和睦。因此圣人作乐，用来宣扬阐发他的和谐之心，畅达于天地之间，天地之气受感化而和谐到了极点。天地之气和谐，那么万物就顺遂，因此神灵就会到来，鸟兽就会驯服。

解析

　　在儒家传统中，音乐有着重要的作用。圣人作乐，能够将自己的情感、意志融入到音乐中去。《尚书·舜典》："诗言志，歌咏言。"圣人的心志自然是和谐畅达的，因此圣人所作的音乐也是和乐，其乐气也是和气。这种和气流行于天地之间，自然而然地能够影响、感化天地之气，使得天地之气被其同化，成为和谐的太和之气。由

求同存异　和而不同

209

此，天地万物便能够和谐顺遂。从圣人作乐到天地和、万物顺的发生过程中，我们可以看到圣人对天地的巨大影响力，显示出人可以影响、改造天地的特殊能力。那么，既然音乐如此重要，是否兴作和乐就可以政通人和了呢？选文给予了否定的回答。"乐者，本乎政也"，和乐的根本是和政，没有和政也就没有和乐。因此，统治者一方面需要恪尽职守，做到国泰民安；另一方面需要使用音乐的教化巩固、反作用于政事，如此才能天下和谐，失去其中任意一方面都不可行。

太 和 所 谓 道

太和所谓道，中涵浮沈、升降、动静、相感之性，是生絪缊、相荡、胜负、屈伸之始。其来也几微易简，其究也广大坚固。起知于易者乾乎！效法于简者坤乎！散殊而可象为气，清通而不可象为神。不如野马、絪缊，不足谓之太和。

——《正蒙·太和篇》

注释

〔1〕张载：字子厚，北宋理学家，人称"横渠先生"，著作有《正蒙》《横渠易说》等。

〔2〕絪缊：或作"氤氲"，典出《周易·系辞下》，指阴阳二气交混不分、极其和同的原初存在状态。

译文

太和之气被称为道，其中涵具浮沉、升降、动静、相感的性质，因此化生出阴阳二气交感、激荡、高下、屈伸的起始。它初化时十分细微幽隐，究极时广大坚固。乾能够平易地主始万物。坤能够效法于乾、简约地养育万物。（二气）分散开来各不相同，有形象可见的称为"气"，清明正通没有形象可见的称为"神"。不像野马、絪缊那样的游气，就不能被称为"太和之气"。

解析

太和这一概念早在《乾卦·象传》中已经出现，《象传》说"保和太和"。此后的注解一般认为太和是宇宙大化流行的和谐状态。而在此段选文中，张载则明确将太和确立为宇宙本原，将其直接与道等同。一方面，张载的太和概念继承了传统的说法，仍包涵着阴阳二气的统一。选文中"浮沈、升降、动静、相感"等描述亦是就阴阳二气的对待、感应与统合而言。另一方面，张载赋予了作为气的太和以形上本体的性质。选文说："散殊而可象为气，清通而不可象为神。"此处提出了可象与不可象的两种存在，可象的为气，不可象的为神。而气与神皆是太和发散而形成的，因此太和也具有了沟通形上、形下，贯通可象与不可象的特质。张载的太和与他所强调的太虚与太极两个概念一起，构成了他的气论的核心部分。

人皆自和气中生

人皆自和气中生。天地生人物，须是和气方生。要生这人，便是气和，然后能生。人自和气中生，所以有不忍人之心。

——《朱子语类·孟子三》

注释

〔1〕《朱子语类》：朱熹的讲学语录集，南宋黎靖德编，是南宋理学家朱熹的讲学语录汇编。

〔2〕不忍人之心：典出《孟子·公孙丑上》。

译文

人都是从和气中产生的。天地化生人类与万物，必须是和气才能化生。要化生这人，那便一定是天地之气和谐，然后才能化生。人是从和气中化生的，所以有怜悯体恤他人之心。

解析

朱熹主张以气禀说解释人性。他认为，人都是从和气中产生的。所谓和气，就是天地间的正气，是阴阳调和之气。人根据所禀受的气的不同，或圣或贤、或愚或不肖。朱熹说："人所禀之气，虽皆是天地之正气，但衮来衮去，便有昏明厚薄之异。盖气是有形之物。才是有形之物，便自有美有恶也。"（《朱子语类》卷四）气有清浊昏明的差异，但归根结底仍是和气。所以所产生的人尽管或贤或愚，仍然受和气的影响因而具有普遍性。朱熹认为，这种和气带来的普遍性的一个体现就是"不忍人之心"。"不忍人之心"是孟子论述人有四端时所说的，孟子认为所有人看到小孩子掉进井里都有担心害怕、同情怜悯的感受。朱子赞同孟子的这一观点，并通过气禀论为这一说法提供了支持。

春之化以其太和之气流行

春之化，以其太和之气流行，凡世有血气及生生者，草木之类，无不以时而各见其形。

——朱元璋《保身说》

注释

〔1〕朱元璋：幼名重八，字国瑞，明朝开国皇帝。

〔2〕《保身说》：载《明太祖集》，黄山书社 1991 年版。

译文

春天的生化，因为太和之气流行，凡是世界上有血气以及繁衍不息的生物，比如草木树植之类，没有不按时各自展现出其形体的。

解析

这是明太祖朱元璋对于春天的论述，反映了中国古代对太和之气的一般性认识。太和之气往往和春天相联系，这是因为春天是最能够体现出太和之气生化万物特点的一个季节。朱元璋认为，在春天所有有血气的生物，以及那些繁衍生息的动植物以及昆虫，都在这个时节显现出形体。朱元璋这个论断一定程度上总结了春天的一些自然现象，如草木开始萌发枝芽、蛰虫开始复苏、冬眠的动物开始醒来等等。朱元璋认为这是由于太和之气在春季流行的结果。当然，这是古人对自然现象的朴素认识，在今天看来这样的解释未免有些粗糙、不够科学，但却反映了其对于和谐自然的认识。

和谐篇

物我一体和天人合一是中国哲学的基本观念。为了探寻生命存在的形而上根据，先秦哲人以宇宙生成为其逻辑起点，视天道为人生的本原，在揭示自然与人类社会之关系的同时，又将心性作为复返天道的内在根据和中介。『和』是大化生物的原理，是治性成德的枢纽，亦是处理人间各种关系的根本原则。义之和与礼义，政之和与治道，人之和与战争，形神气之和与性命的保全，德性之和与皈依天道，都体现着『和』是成己成物的基本原则或价值。

八音克谐神人以和

帝曰："夔！命汝典乐，教胄子，直而温，宽而栗，刚而无虐，简而无傲。诗言志，歌永言，声依永，律和声。八音克谐，无相夺伦，神人以和。"夔曰："于！予击石拊石，百兽率舞。"

——《尚书·舜典》

注释

〔1〕《尚书》：儒家五经之一，是我国第一部上古历史文件、文献的汇集。依文体，《尚书》可分为典、谟、训、诰、誓、命六类。《舜典》属于"典"类。"典"是"五帝之书"，可为后世的常法。

〔2〕帝：指帝舜，又称虞舜，史书所称上古五帝之一。

〔3〕夔：传说中尧舜时期的乐正，主掌乐舞之事。

译文

帝舜说："夔啊！我命令你掌管乐事，以诗乐之义训教世家贵族的嫡长子，使他们能够做到正直而温和，宽宏而庄重，刚毅而不苛虐，简易而不傲慢。诗能表达人内心之志意，歌可咏叹延长诗之言辞，乐声依长歌以制定节拍，再遵照律吕之标准以调和乐声。如此，则各种乐器音声就能和谐，不会失序错乱，进而达到神人和谐的境界。"夔回答道："啊！我先敲击石磬，继而轻拍石磬，音声与天道相谐，百兽均与我共舞。"

求同存异　和而不同

┃解析┃

通过舜对于乐正职能的规范，本选段阐明了古代乐教的基本精神及其核心价值"和"。乐发于人情，亦可反于人情，以培养个体内在的道德意识，与外在礼制相结合，从内到外达到人与社会、自然的和谐。和的第一重境界，就是培养个体的价值取向。三代社会极为重视德育，因此舜要求夔以乐引导、陶冶胄子之性情，激发个体内在的道德情感，使直、宽、刚、简四德不失其度，无有放失。和的第二、三重境界，即以"和"的准则处理个体的内在秉性与社会、自然的关系。乐是"天地之和"，既是一种精神气质，又是沟通天道人心的纽带。音律相谐的"正声"不仅可以实现"协和万邦"的治理图景，还可以致使百兽同舞，与自然和谐共生。君子"乐得其道"，也在于天人和谐。

利者义之和也

元者，善之长也；亨者，嘉之会也；利者，义之和也；贞者，事之干也。君子体仁足以长人，嘉会足以合礼，利物足以和义，贞固足以干事。君子行此四德者，故曰："乾，元亨利贞。"

——《乾卦·文言传》

注释

〔1〕《乾卦》：今本《周易》第1卦，卦画为☰，上乾下乾，上天下天。"乾"义为健。

〔2〕《文言传》：《易传》之一，反复阐发《乾》《坤》两卦之义。《周易》六十四卦唯《乾》《坤》两卦有《文言传》。

〔3〕元亨利贞：是《乾卦》卦辞，《文言传》以其为四德，并与仁、礼、义、正四种德行相应。元是初始、亨是亨通、利是和顺、贞是正固之义。

译文

元，是万事万物的发端；亨，是美好品德的汇集；利，是适得其宜的和谐；贞，是处事的根本原则。君子体会仁德的真谛便足以领导人民，内修美德便足以合于礼义，发扬利他精神才足以达到和谐，有中正坚韧的毅力才足以与事物周旋。君子实行此四种美德，所以说："乾，元亨利贞。"

▍解析▍

　　元、亨、利、贞，本为《周易》卦辞中的所用的占卜术语。元，有元始和大义；亨，是亨通、顺遂之义；利，是利于、有利之义；贞，是贞问、占卜之义。孔子对《周易》做了转化，认为它是一部解释天人道德之学的著作，而"元亨利贞"即被诠释为乾卦之四德。天能生万物，是万物之始，故有"元"德；天使世间美好汇聚，使万物得以畅达生长，这是"亨"德；天能使万物各得其利，自然自在，故有"利"德；天为阳，有中正之气，是万物生衍之根本，故有"贞"德。而天之"利"德之所以能达到天下和谐的境界，就在于其是"利他"的属性。天生育给养万物，使万物各适其性、各得其宜，自在生长、顺其自然。这便与儒家的义利观不谋而合，君子以道德原则来规范限制内在的欲望与利益需求，以"利他"的原则处理人事，和谐便由此而生。

和兑之吉行未疑也

《兑》初九：和兑，吉。《象》曰：和兑之吉，行未疑也。

——《周易·兑卦》

注释

〔1〕《周易》：儒家五经之一，包括经传两个部分。《易经》即六十四卦部分，相传为文王所作；《易传》包括《彖》《象》《系辞》等十篇，相传为孔子所作。现代学者一般认为，六十四卦经文是周初著作，传文则为春秋末至战国时期的著作。

〔2〕《兑卦》：今本《周易》第 58 卦，卦画为☱，上兑下兑，上泽下泽。"兑"是和乐喜悦之义。

译文

《兑卦》初九爻说：以和谐原则来行使悦道，所以万事大吉。《象传》解释道：人若以和谐的准则来行使悦道，那么他的行事便不会有可疑失误之处，所以能事事得吉。

解析

本选段旨在表现儒家政治理想的和悦境界。《兑卦》主张以"说（悦）"道顺应天理、悦豫民心，从而实现万邦协和、政治昭明的愿景。兑为泽，泽是有水汇聚的平原之地，自然资源丰富，生态环境和谐，是古人理想的生存环境，因此《说卦传》以为世间再没有比泽更能使万物愉悦的居处。比于人事，人君若能修德安民、施行仁政，便如泽之润物，百姓共享恩惠，无不悦豫，则政令通达、草偃风从，儒家所追求的政治目标——社会和谐就能够实现。再者，"和"是治国治理天下的基本原则，"悦"便是其具体手段。初九爻居于兑卦最下，无所系应，因此能行柔顺和悦之道。又，初九是阳爻，本质刚正不阿，故能坚行和悦之道，而得吉利。

既和且平依我磬声

猗与那与，置我鞉鼓。奏鼓简简，衎我烈祖。
汤孙奏假，绥我思成。鞉鼓渊渊，嘒嘒管声。
既和且平，依我磬声。於赫汤孙，穆穆厥声。

——《诗经·商颂·那》

注释

〔1〕《诗经》：儒家五经之一，经孔子删定，现存诗歌 305 篇，分为风、雅、颂三类。

〔2〕汤：即商汤，子姓，名履，又称成汤，是商朝的开国君主。

〔3〕衎：音 kàn，和乐，愉悦。

译文

商汤功业盛且大，立我商邦鞉与鼓。鼓声简简和且美，乐我商汤功烈祖。

贤孙奏乐告我祖，请安我思降我福。鞉鼓渊渊深又远，管乐嘒嘒清又冽。

诸器之音和且平，同我玉磬声相谐。汤之子孙名显赫，乐音穆穆颂隽杰。

解析

颂是专为郊庙祭祀所作的仪式乐歌，内容多为赞颂先祖功德、祈求神明福佑一类，唱诵时讲求歌、舞、仪节的相互配合，规模盛美而秩序森严，发挥着礼乐特有的道德教化、礼制规范的功能。子曰："乐云乐云，钟鼓云乎哉？"（《论语·阳货》）随着商周人文理性的觉醒，乐舞不再仅是表演形式，无论是节奏的抑扬顿挫，抑或舞蹈的章法规制，每一个环节均被赋予了道德性内涵，作为外在礼仪制度的补充，承担着深化礼制律则、培育君子人格和凝聚宗族力量等功能。乐所以能与礼相协共同构成影响深远的礼乐文明，和的原则在其中起了极为重要的作用。礼作为他律性的规范，具有外在的强制性，难以唤醒内在的自觉与共鸣，乐则发于人心而能反制于人情，平和节度的正声颂乐可以使人心气宁睦，家庭亲睦融洽，君臣上下和敬，社会和顺团结。乐的自律性加强了个体对于礼法的认同，和谐的价值取向滋养着个体内在的道德修养，从而为天人和谐境界的实现提供了可能。

鼓瑟鼓琴和乐且湛

呦呦鹿鸣，食野之芩。我有嘉宾，鼓瑟鼓琴。

鼓瑟鼓琴，和乐且湛。我有旨酒，以燕乐嘉宾之心。

——《诗经·小雅·鹿鸣》

注释

〔1〕芩：音 qín，即黄芩，多年生草本植物。

译文

鹿鸣呦呦相呼啼，共食芩草野地上。今与嘉宾享燕乐，鼓瑟抚琴声悠扬。

鼓瑟抚琴声悠扬，和美安乐笑语朗。饮我甘醇美酒香，使我嘉宾心舒畅。

解析

两周时期，自天子以下各等级贵族间皆有燕礼，在政余闲暇时同下级宴饮享乐，以犒赏勉励官员、维系君臣感情。按照周代礼制，宴会之上需要依礼法的规定奏乐歌诗，而《鹿鸣》一诗正是天子、诸侯宴请群臣或使节所需吟唱的。本诗以鹿鸣共食起兴，因鹿吃草时，必呼唤同伴共食，故以此譬喻主人恳诚相邀之情，主宾觥筹交错，各尽其兴，和乐正由此生。中国古代的政治文化，尤其对于以天命论建构统治合法性的周人来说，统治阶层的道德品性是维系政权稳定的首要保障，而建立在礼乐文化基础之上的诸如相见礼、射礼、燕礼、聘礼等一系列礼仪活动，不仅是对于参与者内在道德品质的引导与规范，更是古人维护封建等级制度、保持君臣上下和谐、建立价值共识的努力。宴饮之上其乐融融的和谐氛围更像是一种精神气质，是对于中国古代政治文化中追求和谐的政治道德的隐喻。

知 和 曰 明

　　含德之厚，比于赤子。蜂虿虺蛇不螫，猛兽不据，攫鸟不搏。骨弱筋柔而握固，未知牝牡之合而全作，精之至也。终日号而不嗄，和之至也。知和曰常，知常曰明，益生曰祥，心使气曰强。物壮则老，谓之不道，不道早已。

——王弼本《老子》第五十五章

注释

　　〔1〕《老子》：亦称《道德经》，是道家的基本典籍，作者为春秋末期的李耳。《老子》的重要版本包括通行本和出土简帛古本，通行本为河上公本和王弼本，出土简帛古本为郭店楚简本、马王堆汉墓帛书甲乙本和北京大学藏西汉竹书本。

　　〔2〕老子：姓李，名耳，字聃，是春秋末期的思想家，道家学派的创始人，著作有《老子》上下篇。

　　〔3〕知和曰常，知常曰明：当据简帛本作"和曰常，知和曰明"。

译文

　　能够深切体悟"道"的人，好比于初生的婴儿。毒虫毒蛇不刺咬他，猛兽不抓伤他，凶禽不击打他。他的筋骨柔弱，拳头却握得很紧。婴儿还不懂得男女交合之事，他的生殖器却能勃然举起，这是他精气极为充沛的缘故。他每日号啕大哭，嗓子却不会沙哑，这是因为他精气达到了至"和"的状态。"和"是人遵道修德所达到的恒久不变的状态，懂得如何达到和的境界才能称得上明智。贪生纵欲便会招致灾殃，以欲念主使精气就叫做逞强。过分的强壮便会导致衰老，这就是不合于道，不合于道就会很快死亡。

┃解析┃

　　在老子哲学中，"道"与"德"是专门用来阐释天人之际的两个重要概念。从宇宙本体来看，"道"生于天地之先，它精微玄妙，不可见闻，却是恒常不变的实在，是万物生生不息的终极本原，没有"道"，万物便失去了赖以生衍的根本。从人类社会来看，人能主动地把握天人关系和自然规律，能体察"天道"以贯之于己身，自觉地用"道"的规律法则修身治国，便可谓之有"德"。那么至"德"的境界又如何呢？在老子看来，只有真正掌握道体规律的人，才能完全达到与自身和解、与万物同"和"的境界。至德为"和"，以婴儿为天之道、人之"和"的隐喻，是《老子》常见的表现手法：道体虚无，"和"的境界同样中正平准、无欲无求；道体柔弱，"和"的境界便尚善、尚损、尚不争。老子的和谐境界，既要求达到个体身心内外之"和"，虚其心，和其气；又要求人与万物相"谐"，外物不侵不扰，无干无犯，全因自然规律之运行而发生，如此才是宇宙间恒常崇尚的"和"的境界。

不和不安不安不乐

善者民必富，富未必和。不和不安，不安不乐。

——郭店简《尊德义》

注释

〔1〕郭店简：出土于湖北省荆门市郭店村一号楚墓的一批战国中期的竹简。此批竹简包括《尊德义》《性自命出》《五行》和《老子》等书籍，价值巨大。

译文

为政者施善政，就一定能够使人民生活富裕，不过生活富裕未必能使社会和谐。社会不和谐，人民的生活就不安稳，生活不安稳，人民也就鲜能和乐喜悦。

解析

"德"，一直以来都是儒家政治哲学中的核心命题，而竹简《尊德义》篇也正是围绕着"为政以德"的主题展开的。在儒家看来，政治的管理与运行除了既定的制度规范外，还需要符合一定的道德准则，合理的政治制度是国家经济发展、物质生活富裕的基本保障，却并不是政治治理的终点与尽头，这也是为什么简文说"富未必和"。儒家政治理想中的王道仁政、大同社会，最本质的特征就是"和"。"和"的实现，不仅对统治者的政治道德和个人品格做出明确要求，同时要求施政者以"德"来教化引导百姓，物质富裕是德教的基础，而社会和谐才是德教所要实现的目标。若社会上下皆能尊德奉礼、恪守正道，百姓生活富裕、安康和乐便不再是纸上空谈。

礼之用和为贵

有子曰:"礼之用,和为贵。先王之道,斯为美。小大由之,有所不行。知和而和,不以礼节之,亦不可行也。"

——《论语·学而》

注释

〔1〕《论语》:《四书》及儒家十三经之一,记录了孔子及其弟子的言行,由孔子弟子及其再传弟子编纂而成,约成书于战国早期,基本定型于战国中期。

〔2〕有子:有氏,名若,春秋末鲁国人。

译文

有子说:"在礼的推行与运用中,以中和得宜的准则最为可贵。先王的治世之道,便以'和'之道最为美善。不过,如果无论小事大事都用礼制来规范束缚,那么一定有行不通的时候。可是,如果因为'和'之道的重要,行事一味遵循'和'道,却不用礼法来节制,这也是不行的。"

解析

本选段通过分析礼与"和"的辩证关系,旨在阐释"和"的原则在礼制施用中的重要性。先秦儒家崇尚以礼治国,上到国家政典、行政制度,下到伦理规范、交往仪节,建构了一个涉及政治、社会、伦理、文化方方面面的规范体系。如此繁复重要的系统，如果缺乏总揽全局的标准与原则以制约，必然无法长久运行下去。"和"之道显然就是这个大文化体系中最佳的润滑剂：和之道，讲求以中正无贰的处理原则使万物各得其宜、各当其位，从而达到人民和睦、社会和谐、天人合一的理想。因此有子指出，先王所传授的以礼治国的政治经验，唯有贯彻其中的"和"道是最为美善的。如果仅仅讲求形式上的规则，必然有脱离现实行不通的时候。另一方面，"和"之道的贯彻还需坚持中正得宜、不偏不倚的原则，做到有礼有节，如果仅凭人心之"和"而不发挥制度上的优势，华而不实、纸上谈兵的事情势必会屡见不鲜。

以 德 和 民

公问于众仲曰："卫州吁其成乎？"对曰："臣闻以德和民，不闻以乱。以乱，犹治丝而棼之也。夫州吁，阻兵而安忍，阻兵无众，安忍无亲，众叛亲离，难以济矣。"

——《左传·鲁隐公四年》

注释

〔1〕《左传》：《春秋》三传之一，儒家十三经之一，相传为春秋末期鲁国史官左丘明所作，是我国第一部编年体史书。

〔2〕众仲：姬姓，公子益师之子，鲁国大夫。

〔3〕州吁：姬姓，卫庄公庶子。公元前719年，州吁刺杀兄长卫桓公，自立为君，后被卫国上卿石碏杀死。

译文

鲁隐公问众仲道："卫国州吁叛乱一事可以成功吗？"众仲回答道："臣只听说过统治者以德性来和抚安定百姓，不曾听说过诉诸于叛乱的办法。以乱来安抚百姓，就好像要整理丝线却把它搅得更乱一般。州吁此人，自恃兵威而又安于残忍。凭恃兵威就会失去民众，安于残忍就会失去亲信，民众背叛，亲人离心，这是难以成功的。"

解析

春秋时期，周室衰微，以宗法—封建制度为关节的政治秩序业已崩溃，统治阶层内部矛盾陡然激化，政治权威遭到各种挑战。王室对于礼制、文化等意识形态解释权亦渐趋旁落，传统的伦理道德受到怀疑摒弃，世风日下，人心惟危。《左传》开篇记述的两段故事便反映了这一紧迫的社会现实：郑国共叔段、卫国州吁因溺爱而生不臣之心，州吁弑兄自立，并联合宋、陈、蔡三国为共叔段伐郑。鲁隐公正是就此一事发问。在众仲看来，和合一国民众是政治治理的首要目标，而实现"和"的唯一手段就是德政。德政不仅对统治者自身的政治道德定下了极高标准，更要求以"德""礼"教化百姓，使民心协和社会安定。动荡之时征伐自诸侯出，军事成为衡量一国力量的重要尺度，众仲则倡言道德人心，对此风作出有力还击：州吁背德僭礼，残忍弑杀，纵有武力逞威，也终将会落得个众叛亲离。战争以利益为导向，胜败与否，对于社会和谐都有着极大的破坏力，遑论其对于政治治理有何积极作用？

克在和不在众

（斗廉对曰）师克在和，不在众。商、周之不敌，君之所闻也，成军以出，又何济焉？

——《左传·鲁桓公十一年》

注释

〔1〕斗廉：春秋时期楚国大夫，又称斗射师，曾随同楚将屈瑕攻打郧国。

译文

（斗廉回答道）"军队取胜的关键在于人心和谐，不在于兵士众多。周武王军队数量难以与商纣军队数量相匹敌，这您也是知道的。我方率军而出发起攻击，又何须请求援军呢？"

解析

公元前 701 年，楚大夫斗廉随同楚将屈瑕攻打郧国，郧国联合随、绞、州、蓼四国气势汹汹而来，斗廉通过对地形、士气、作战形势等因素的全面分析，为屈瑕直陈作战方针，指出楚军必胜的原因所在。尽管在时人看来，军事力量上的优势是决定胜利的重要条件，但在斗廉的认识中，战争的性质、人心之向背同样有力影响着战争的走向，战争获胜的关键取决于"和"而不是兵众数量之"多"。在儒家军事思想中，"和"被用来涵盖一切以德性为前提的获胜因素，"和"意味着战争的正义性、军民之心的齐同所向、以德服人的胸怀和禁暴除害的和平宗旨，上下和同一心的军队，"有不战，战必胜"。武王伐纣，之所以有八百诸侯相助响应，也正在于此。所以孟子也说："天时不如地利，地利不如人和。""得道者多助，失道者寡助。"

非德民不和

鬼神非人实亲，惟德是依。故《周书》曰："皇天无亲，惟德是辅。"又曰："黍稷非馨，明德惟馨。"又曰："民不易物，惟德繄物。"如是，则非德民不和，神不享矣。神所冯依，将在德矣。

——《左传·鲁僖公五年》

注释

〔1〕《周书》：指《尚书·周书》。

译文

鬼神并不随便亲近于人，而是以德性来作为判断依据。所以《周书》说："皇天没有亲近的人，它只会辅佐有德行的人。"又说："祭祀时谷物的香气还不算是真正的馨香，只有光明的德性才能使馨香远闻。"又说："人们祭祀所用的祭品都是相同的，但只有有德者献上的祭品神灵才会享用。"如此看来，如果统治者没有德行，民众不相和谐，那么神灵不会享用祭品。神的判断依据，一定是在于德行了。

解析

这段文本选自《左传》中著名的"假道伐虢"的故事。晋献公两次向虞国借路进攻虢国，大夫宫之奇以"唇亡齿寒"的道理力谏而国君不听，最终落得亡国的下场。虞公认为即便晋国有意攻打虞国，但虞国向来祭品丰盛、祭祀虔诚，一定会得到鬼神的庇佑。宫之奇却一针见血地指出，虚无缥缈的神明并不是国家存亡的决定因素，君主的道德品性才是一国赖以生存的首要保障。"惟德是辅"的"天命"观是在周革殷命，周人对其政权合法性解释中提出的。"皇天无亲，惟德是辅"，换句话说，就是上天只会把政权授予有德之人。"惟德是辅"的天命观内容，在选文中有如下体现：第一，政权来自于天命；第二，天命的获得在于君主的德性；第三，君主内要修己敬德，外应保民重民。归根结底，治政之道在于民和，人民平和安稳不仅是君主德性的判断依据，也是神明是否降福庇佑的关键。

宽猛相济政是以和

仲尼曰：“善哉！政宽则民慢，慢则纠之以猛。猛则民残，残则施之以宽。宽以济猛，猛以济宽，政是以和。”

——《左传·昭公二十年》

注释

〔1〕仲尼：孔子之字，名丘，春秋晚期鲁国陬邑人，儒家学派的创始人，被尊称为圣人。

译文

孔子说：“好啊！政治过于宽和民众就会怠慢，如果民众怠慢，便施行严厉的政策纠正他们。政治过于严厉民众就会受到伤害，如果民众受伤，便施行宽和的政策。以宽和来调节严厉，以严厉来补充宽和，国政也会因此而和谐。”

解析

本选段是孔子对于“宽猛相济”政策的评价。春秋时期郑国正卿子产于弥留之际，以水火为喻，论证了宽、严两种政策的得失，建议继任者施行“宽猛相济”的政策。子产、孔子一张一弛的政治方略，本质上与先秦以来阴阳、和谐、德政的思想一脉相承。阴阳以二元对立的思维摹拟象征万物，建构了一个对立统一的宇宙和谐秩序，严苛与宽松正如阴阳对立的政治举措，更应斟酌形势的纷繁变化，适时采取相应措施，将宽与严科学结合，而不可固执一端，这样才能实现政策平衡与社会和谐。须知，和谐的境界本就是调和盘根错节的力量，使其达到共和平衡的状态。在常人眼中，仿佛儒家德政、仁政的实质就是宽政，这实际上是一种误会：其一，宽、严的政策必须取决于对国内形势的判断，因势利导；其二，政策与法律具有他律性，宽政虽给了民众极大的自由，但对于民众自身的政治素养有极高的要求，因此子产说"唯有德者能以宽服民"，施政者以德教化百姓，严苛之政何用之有？

若视听不和

若视听不和，而有震眩，则味入不精，不精则气佚，气佚则不和，于是乎有狂悖之言，有眩惑之明，有转易之名，有过慝（忒）之度。

——《国语·周语下》

注释

〔1〕《国语》：相传为春秋末年鲁国史官左丘明所作，是我国第一部国别体史书，以记载"语"为主。

译文

如果人所看之物、所听之声不平和舒缓，使人的耳目被震荡眩惑，那么吃什么都尝不出精美的滋味；如果尝不出滋味，那么人身中的精气就会涣散错行；如果精气涣散，人就无法达到身心和谐。于是就会说出狂妄悖逆的话，神智茫然困惑，发出反复无常的命令，奉行邪恶不正的准则。

解析

"气"是一种自然流行的现象，也是人们可直观感受到的切身体验。古人认为，天地人身之间莫不有气，气的聚散流行意味着生命的进退消长，由此产生了以"气"为宇宙本原、以"气"生天地和万物的宇宙论基本架构。"气"与天地万物的生衍发展息息相关，更与人的形（健康）、神（修养）一脉相通，发展出一套中国特有的注重身心和谐的生命哲学。人身心之和谐，首要在于节制人耳目五官和内心的欲望需求，勿使欲望过度放纵，而本选段正是本着这个原则来说明人欲望过度、身心失和的恶果。声色滋味本是用来满足人生存的基本要求的，如果无有节制纵欲过度，就会"震眩"耳目器官，使得人身之气涣散错行，出现身心失和而无法正常视听的后果。"狂悖之言"，"眩惑之明"，"转易之名"，"过慝之度"，都是人身心不能和谐的基本表现，是人嗜欲过度而毁伤自身生命的结果。

德之行五和谓之德

德之行五和谓之德，四行和谓之善。善，人道也；德，天道也。

——郭店简《五行》

注释

〔1〕《五行》：郭店简之一，是子思子的著作。"五行"指仁、义、礼、智、圣五种德行。马王堆帛书也有《五行》篇。

译文

仁、义、礼、智、圣五种德之行如果能达到和谐状态，这就叫做"德"的境界；仁、义、礼、智四种德之行如果达到和谐的状态，这就叫做"善"的境界。"善"的道德境界，若人道，道德实践还需有心而为；"德"的道德境界，若天道，道德实践自然中节。

解析

《五行》开篇即区别了"德之行"与"行"，指出"行于内谓之德之行，不形于内谓之行"。"形于内"，意指人做出道德行为的动机是他内心道德品性的生发。"德之行"相当于宋儒所说"德性"一词，是指人内在的道德品质。"不形于内"，意指人所做的道德行为并不是由衷而发，一个人做出合乎道德的行为，他的动机可能是追名、趋利，或是碍于礼法制度的规定，却不一定是发自内心的道德良心。"行"仅指合于道德的行为。在此基础上，《五行》篇就成德的境界提出了人道与天道的分别。人能做到仁、义、礼、智四行的和谐，符合人类社会道德规范的要求，在道德实践上他就达到了"善"的境界；而只有内心生发出仁、义、礼、智、圣的德性，并能时时践行之的人，他才在道德实践上达到了"德"的境界，而成就"君子"人格。

和 合 尚 同

墨子曰："方今之时，复古之民始生未有正长之时，盖其语曰'天下之人异义'。是以一人一义，十人十义，百人百义，其人数兹众，其所谓义者亦兹众。是以人是其义，而非人之义，故相交非也。内之父子兄弟作怨雠，皆有离散之心，不能相和合。"

——《墨子·尚同中》

注释

〔1〕《墨子》：是墨子及其弟子、再传弟子著作的汇集。汉时此书存 71 篇，今存 53 篇。全书主要包括墨子的十大主张、墨家学派的逻辑学理论和科学思想等。

〔2〕墨子：名翟，战国初期宋国人，墨家学派的创始人。墨子提出了兼爱、非攻等十大主张。

译文

墨子说："在当今这个时代，回想上古时期先民的生活，那时还没有设立行政长官。他们大概会说：'天下人的道理都不一样。'因此一个人就有一种道理，十个人就有十种道理，一百个人就有一百种道理，人数越多，所持的道理也就越多。所以每个人都认为自己的道理是对的，认为他人的道理不对，所以彼此之间互相攻讦。一家之内父子兄弟常因观念冲突而互相怨恨，一家人之心分离涣散，不能和睦共处。"

解析

先秦时期，儒、墨并称当世显学，尽管由于价值观念、具体主张的不同，两家不乏抵牾攻讦之事，不过作为以重建政治秩序为宗旨的两种学说，两家都不约而同地将和谐作为政治治理的根本目标。因此，墨子提出"尚同"作为实现社会和谐的政治手段，思想上提倡自上而下观念标准的统一，形式上要求政治行为是自下而上的服从。本段文字正是从思想层面解释为何意识形态的统一是政治齐同、社会和谐的前提。墨子以上古社会为喻，鲜明地指出人人各是其是、各非其非，是如何走向无政府的瘫痪局面的，这就是个人私义与天下公义的区别。义，指是非观、价值观、伦理道德准则等。上下异义是祸乱的根源，只有天下同义，确立共同的观念标准，达到思想上的和谐统一，才能最终实现政治社会的和谐统一。

兄弟相爱则和调

视人之国若视其国，视人之家若视其家，视人之身若视其身。是故诸侯相爱则不野战，家主相爱则不相篡，人与人相爱则不相贼，君臣相爱则惠忠，父子相爱则慈孝，兄弟相爱则和调。天下之人皆相爱，强不执弱，众不劫寡，富不侮贫，贵不敖（傲）贱，诈不欺愚。

——《墨子·兼爱中》

注释

〔1〕兼爱：是墨子十大主张之首。与儒家"爱有差等"的说法相对，墨家的"兼爱"说主张爱不分血缘亲疏和阶级差别。

译文

把别人的国家看作自己的国家，把别人的家看作自己的家，把别人的身体看作自己的身体。所以诸侯间相敬爱就不会发动战争，卿大夫之间相爱慎就不会互相劫夺，人民之间相友爱就不会互相残害，君臣之间相爱重，必定会君上恩惠臣下忠诚，父子之间相亲爱，必定会父慈子孝，兄弟之间相亲爱，必定会和睦，天下的人都相互亲爱，强者就不会欺凌弱者，人多的就不会欺压人少的，富人就不会轻侮穷人，尊贵者就不会傲视贫贱者，奸诈之人就不会欺骗愚蠢之人。

|解析|

　　本段文字选自《兼爱》。"兼爱"是墨子思想体系的核心，也是墨子在传统道德伦理观念基础上提出的衡量行为关系的新准则。"兼爱"以双方的交往互通为前提，爱是相互，是无私，是平等，是互惠互利。人与人之间相爱互助，以人之利为己利，才能建立和谐的人际关系。同理，家与家之间、国与国之间如果能够做到和睦、信任，扰乱社会安稳的盗窃乱贼之事便不会发生，威胁天下安定的侵略攻伐亦无由兴作。墨子深切理解和谐稳定的生活对于百姓的意义，这也是墨子提倡天下"兼爱"的出发点，如果真的做到无差别的"兼爱"，天下太平、四海安稳的和谐之治也就能够实现了。

地利不如人和

天时不如地利，地利不如人和。三里之城，七里之郭，环而攻之而不胜。夫环而攻之，必有得天时者矣；然而不胜者，是天时不如地利也。城非不高也，池非不深也，兵革非不坚利也，米粟非不多也；委而去之，是地利不如人和也。

—— 《孟子·公孙丑下》

注释

〔1〕《孟子》：《四书》及儒家十三经之一，由孟子及其弟子万章等人共同撰定，今存七篇。

〔2〕孟子：名轲，战国中期邹国人，儒家亚圣，著作有《孟子》。孟子的思想集中在性善论和仁政王道说上。

译文

有利于作战的天气等自然条件，比不上有利于作战的地理形势；有利于作战的地理形势，比不上作战中的人心所向。方圆三里的内城，方圆七里的外城，围攻却不能得胜。采取围攻的方式，一定是依仗有利于作战的自然条件，即使这样也不能取胜，这是因为有利于作战的天气等自然条件，比不上有利于作战的地理形势。城墙并不是不够高，护城河也不是不够深，武器装备也不是不坚固锐利，粮食补给也不是不充足，可是守城一方还是弃城而逃，这是因为作战的地理形势再好也比不上内部团结、人心所向。

解析

本选段以军事战争为背景，着重讨论了"天时""地利""人和"三种内外条件及其关系问题，并逐次强调了这三种条件对于战胜敌国的重要作用，而"人和"与前两者相比显然更达本质。结合《孟子》全书对于人性本善、王道仁政等问题的讨论来看，选文所言"人和"远不止人心向背、内部团结这么简单。人生来俱有恻隐、羞恶、辞让、是非的道德之心，便有了向仁、义、礼、智四德追求成就的可能性，这是实现人身心和谐的前提；统治者若有以民为本的思想，将仁、义、礼、智之心贯彻到政治、经济、文教等领域，施行仁政以改善民生，便可实现人与社会、自然的和谐。由四心到四德再到仁政的实现，这样的"人和"才有了向和谐之道提升的可能性，也即是下文中谈到的"得道多助，失道寡助"的真正意义。

与天和者谓之天乐

夫明白于天地之德者，此之谓大本大宗，与天和者也；所以均调天下，与人和者也。与人和者，谓之人乐；与天和者，谓之天乐。

—— 《庄子·天道》

注释

〔1〕《庄子》：又称《南华经》，是先秦道家的基本典籍，由庄子及其弟子所著。今存33篇，分为内、外、杂三编。

〔2〕庄子：名周，战国中期宋国蒙人，先秦道家学派的代表人物之一，著作有《庄子》。

译文

能够明白天地之道的人，便是掌握了天道的根本与宗原，达到了与天地的谐和。以此道来均平调和天下之人事，便是达到了与人的谐和。能做到与人谐和，便称为人乐；能做到与天谐和，便称为天乐。

解析

个体生命如何成就完美人格，进而达到逍遥无待的至高境界，是庄子哲学中的重要命题之一，而选文中的文字便生动地刻画了人与天道齐和是怎样神秘玄远却又令人着迷的境界。在庄子的描述中，天道，也即宇宙间至高无上的规律，具有虚静、恬淡、寂漠、无为的特性，其中又尤以虚静为根本。虚静的内心，就如同一面观照天地万物的镜子，坐观万物周行不殆的运动，这便是圣人的境界；当每一步行动都符合天道运行的规律，这便是帝王的境界了。人若能体察此道，行事合于此道，使动静皆得其宜，便是真正明白掌握了天地之道，与天道协和（"天和"），也即达到了庄子所谓的与自然和合为一的"天乐"的境界。庄子的和谐观，与天地自然和谐，与个体身心和解，无为而无不为，一切因任自然，并以之为至高无上的快乐。

畜之以道则民和

畜之以道，养之以德。畜之以道则民和，养之以德则民合。和合故能习，习故能偕。偕习以悉，莫之能伤也。

——《管子·幼官图》

注释

〔1〕《管子》：战国时期托名管仲的齐国诸子著作集，今存76篇，内容庞杂，兼及诸家思想，《汉志》入道家。

译文

（治理国家要）用道和德来畜养百姓。用道来引导百姓，那么百姓就会和谐；用德来教导百姓，那么百姓就会团结。百姓懂得了和谐团结的道理，就会彼此熟悉；百姓彼此熟悉，就能一起和谐共事。百姓间相熟相知、和谐共事，自然便能大聚民心，便也没有什么可以伤害到他们的了。

解析

受黄老、道、法等学说思想的影响，《管子》提出了一套以天地人道德和合为基石，以法治为手段的内涵丰富的政治哲学。与先秦道、儒两家对于"道""德"的基本认识一脉相承，《管子》同样将"道"视为宇宙万物的本原，以之为一种至高无上的根本大法，并与"天"对应，是人取法的对象；"德"则是"道"向人事的下落与投影，是天道赋予万物的本性，亦是人法象天道所建立的道德伦理。"道"与"德"均可以通过人的心性修养而成就，也是统治者治理教化百姓应遵循的基本法则。以"德"来教导规范百姓，是对其行为外在的约束和制约，百姓间便可以达到外在形式上的团结统一；若以"道"来引导教化百姓，是使其内在同天道产生共鸣与感化，和谐之理便能深入人心。若使民达到"和合"的精神境界，教民从事生产、建设、军事等活动，不仅民心和谐团结，整个社会也将很快走上和谐同一的正轨。

和乃生不和不生

凡人之生也，天出其精，地出其形，合此以为人。和乃生，不和不生。

——《管子·内业》

注释

〔1〕精：指"精气"，是存在于天地之间的一种极细微之气，是稷下道家的基本概念之一。

译文

人的生命，是由天之气形成其精神，地之气构成其形体，精神与形体相结合才能成为人。天、地之气相和谐才能生成人，否则便不能。

解析

选文体现了《内业》篇以"气"为构成宇宙万物生命本原、以"精气"为万物精神之源的精气说思想。在先秦"气"论哲学中，往往认为是"气"之流行变化构成了天地万物，而《管子》的精气说则在此思想之上推进一步，以"精气"来解释生物何以有生命和精神现象。充斥于天地之间的"气"，其中有一种极精微玄妙的，便是"精气"或"精"，"气"能赋形，但唯有得到"精气"才能获得生命，才有精神思维活动。于是"气"与"精气"和谐相容，人的生命便得以展开。人正是要不断摄入"精气"，才能达到保全性命、提升境界的目的，而吸取、葆有"精气"的方法便是"和"。人的身心和谐，需要通过节制情感和欲望来实现。

群居和一之道

故先王案为之制礼义以分之，使有贵贱之等，长幼之差，知愚、能不能之分，皆使人载其事而各得其宜，然后使谷禄多少厚薄之称，是夫群居和一之道也。

——《荀子·荣辱》

注释

〔1〕《荀子》：战国晚期大儒荀况的著作。

〔2〕荀子：名况，字卿，战国晚期赵国人，先秦儒家的代表人物，曾三为稷下学宫的祭酒。

译文

所以先王有鉴于人心不足，特地制定礼义来进行合理分配，使社会有高贵低贱的等级，有年长与年幼的齿序，有聪明和愚蠢、贤能和无能的分别，使得人尽其才，各得其所。然后使俸禄的多少与他们的地位能力相称，这就是能使百姓群居而和谐一致之道。

解析

选文展现了荀子通过追溯人类社会组织的起源，进而探讨如何建立分配、等级、礼法等制度以协调规范社会关系，使人与人之间、人与社会之间达到和谐。荀子指出能使人顺利分群、使群体和谐共处，必须依靠礼义制度相配合的手段，儒家的"礼"规范了从家庭长幼尊卑再到社会贵贱等差的秩序，再通过"义"也即各得其

求同存异　和而不同

宜的道德规范和分配原则，使有限的物质资源按等级、贡献等标准实行有节度的、符合正义的分配，如此人的欲望便得到有效的限制，各就其位、各司其职，"群居和一"的和谐社会也就得以实现。此外，荀子继承了儒家"和而不同"的一贯主张，"和"不是无原则、无差别的人人齐同，而是主张遵循人的个性使其沿着道德的脉络自由发展，所以尽管人有贵贱、长幼、贤愚之别，在礼义的教化引导下，百姓心中均有对道德行为规范的共同认同，"分则和，和则一"，那么和谐社会便不是一种空想。

义以分则和

　　力不若牛，走不若马，而牛马为用，何也？曰：人能群，彼不能群也。人何以能群？曰：分。分何以能行？曰：义。故义以分则和，和则一，一则多力，多力则强，强则胜物；故宫室可得而居也。故序四时，裁万物，兼利天下，无它故焉，得之分义也。

——《荀子·王制》

▌注释▐

　　〔1〕分：音 fèn，职分、名分，在荀子思想中是一个较为重要的概念。

▌译文▐

　　人的力气没有牛大，跑起来没有马快，但牛马反而为人所役使，这是为什么呢？答曰：这是因为人能合群，牛马不能合群。人为什么可以合群呢？答曰：因为人懂得"分"的道理。"分"为什么可以推行下去呢？答曰：因为人还懂得"义"的道理。所以恪守"义"的原则来进行分配才能和谐，和谐才能和合为一，和合为一才有众多力量，力量众多自然就会强壮，力量强壮就能制胜外物，所以人才可能在房屋中安处。所以说能顺次排列四季的顺序，裁成万物，使天下万物一并得到利益，没有其他原因，都是从"分"和"义"的道理中来的。

┃解析┃

　　本段文字同前一篇选文思想一脉相承，都体现了荀子"明分使群"的社会组织思想。群，指人类最原始的社会组织形式群居；分，指等级制度、人伦关系、职业分工等划分群体的标准。"明分使群"，意即通过"分"的标准划分明确的群体关系，使社会各人群均能和谐、协调地处于社会群体之中，参与物质资料的生产与分配。从分散的人群到和谐的群体分工组织产生，这便是人类区别于牛马等动物种群的本质特征。"义以分则和"，"义"在这里被着重强调，是"分"得以实现的必要条件，是"分"的逻辑起点，也是使社会终能和谐的指导思想。义，是合宜、适宜的意思，而在荀子的理论中被赋予了深厚的内涵，"义"可以分，可以"群"，可以"和"，它不仅代表着道德规范和礼制法律，更是天道投射根植于人心的道德本性，所以"义"可以直指人心、政治，将和谐的精神气质与理想深植于社会人心。

六马不和则造父不能以致远

（孙卿子曰）臣所闻古之道，凡用兵攻战之本在乎一民。弓矢不调，则羿不能以中微；六马不和，则造父不能以致远；士民不亲附，则汤、武不能以必胜也。故善附民者，是乃善用兵者也。故兵要在乎善附民而已。

——《荀子·议兵》

注释

〔1〕羿：又称后羿，是古代神话传说中的神射手。

〔2〕造父：嬴姓，赵氏始祖，相传为周穆王的驾车大夫，驾车技艺高超。

译文

（荀子说）"我所听说过的古人用兵之道，凡出兵征战的根本，在于使人民和谐一心。弓箭如果不协调，即使善射如后羿也射不中微小的目标；拉车的六匹马如果没被驯服，即使善御如造父，也不能御马到达远方。士民如果不亲近依附君主，即便贤明如商汤、周武王，也不能保证一定取胜。所以善于使人民依附的人，才是真正会用兵的人。所以用兵之道便在于善使民众亲附。"

解析

春秋战国正是社会剧烈变革的动荡时期，其时战争规模之大、程度之惨烈都是前所未有的，在这样的背景下，涌现了一批军事理论家，他们将取胜得利视为战争的根本目标，主张以利为先、不计手段，而与儒家所说以义为先、"止戈为武"的思想相左。《议兵》篇记录的正是以荀子为代表的儒家，同兵家的一次关于军事思想的交锋。荀子认为，发动战争必须有坚实的正义性基石，战争是圣人君子用来禁暴除害的手段。以正义性作为战争的出发点，意味着战争的走向与结果也必定是倾向正义一方的。因此，尽管双方的军事力量、经济实力、自然条件、指挥能力或有差距，但决定战争胜负的根本因素只有一个——"一民"，也即孟子所说的"人和"。"一民"是双向的要求，一方面要求统治者行仁政，顺民意，得民心；另一方面要求民众遵从教化，亲附将帅，团结一心，如此用兵，必定所向披靡战无不胜。"附民""一民"不只是军事上的和谐，事实上是对政治、社会之和谐提出的更高的要求。

一 有 天 无 恶

五和：一有天无恶；二有人无郄（隙）；三同好相固；四同恶相助；五远宅不薄。

—— 《逸周书·大武》

注释

〔1〕《逸周书》：又名《周书》，今存 60 篇，西汉刘向认为此书是孔子编定《尚书》时所删掉的部分。

〔2〕《大武》：是一篇总论"武"（即战争）的文献，对研究先秦军事政治思想有价值。1987 年湖南慈利县战国墓曾出土《大武》竹简。

译文

征战有五种和谐性的依据：一是有收成而没有灾荒；二是有人才而没有嫌隙；三是与人民一起巩固共同的喜好；四是与人民一起抵制共同厌恶的东西；五是不征伐远方之人。

解析

《大武》篇详细论述了政（征）、攻、侵、伐、搏、战、斗七种战争形式，而选文之"五和"便是"征"所以取得胜利的重要前提。"征"被列为"七制"之首，是最被提倡、最具正义性的"武"。"政"，读为"征"，慈利楚简本正作"征"，意为征战。古人往往根据战争的性质和形式选择不同的名词指代，而"征"则是战争的最高级，只有根据道和礼的原则，讨伐无道有罪之人的战争才能被称

求同存异 和而不同

作"征"。同孟子"人和"、荀子"一民"的思想一致，"征"便是
以"义"为原则，以"和"为行事准则，而试图达到"不战而屈人
之兵"的胜果。从"五和"的内容亦不难看出，作为"征"的依仗，
"五和"对人心之和谐有极高的要求，统治者若能做到与百姓"同
好""同恶"，想百姓之所想，急百姓之所急，使君臣上下、百姓之
间都没有嫌隙，便是对战争最好的支持。"和"的政治、社会需要
极高的道德修养实现，"远宅不薄"，正是周人以"德"来"柔远能
迩"思想的体现。

农不失其时是谓和德

山林以遂其材，工匠以为其器；百物以平其利，商贾以通其货；工不失其务，农不失其时，是谓和德。

——《逸周书·文传》

注释

〔1〕和德：言人君如此即具有和谐之德。

译文

山中林木可以长成并用作木材，工匠能够制成器物；百业得以平均利益，商贾得以流通货物；百工不失去他的职业，农夫不会耽误农时，这就叫作和德。

解析

儒家理想中的和谐社会，不是高居于道德楼阁之上的乌托邦，为了实现这一尽善尽美的社会秩序，儒家从经济、农业、民生、生态等方面提出了各项具体的措施，以切实改善人民生活。对于农业生产来说，"和"意味着顺应时令、遵循自然规律以播种收获、捕鱼打猎，由此儒家提出了系统的山林川泽管理和自然资源保护措施，"不夺农时"，所以谷物得以成熟，树木得以长成木材。对于经济活动来说，"和"意味着商品的生成、分配、流通、交换环节的循环畅通运行，工匠、商贾各尽其务，多种经营，保障了人民生活的基本需求，使人民安居乐业，社会和谐安定。物质资料生产在

"和"的原则下有序进行，"和"所以分配均平，平所以人民和乐，和乐则能推己及物，实现人与自然的和谐共生。

和 出 于 适

万物所出，造于太一，化于阴阳。萌芽始震，凝澒以形。形体有处，莫不有声。声出于和，和出于适。和适，先王定乐，由此而生。

——《吕氏春秋·大乐》

注释

〔1〕《吕氏春秋》：又称《吕览》，由战国末年秦国丞相吕不韦召集门客编写而成。此书成于秦王政八年（前239）。因其内容博杂，故《汉志》编入杂家。

〔2〕太一：指道，因其为宇宙万物的终极始源，故曰太一。

译文

世间万物的生成，起源于太一，由阴阳二气化生而成。阳气变化则万物萌生活动，阴气变化则万物凝结成形。万物有形有体，没有不发出声音的。声音产生于和谐，和谐产生于适宜。和谐适宜之道，正是先王制定音乐的原则。

解析

在先秦音乐哲学思想中，儒家和道家都对音乐的起源进行了探讨与说明，儒家从人的情感出发，认为音乐发于人心，反之亦能感人性情，使人共鸣；以道家思想为核心的《大乐》篇则从宇宙生成论的层面对音乐的生成给以说明。《大乐》篇的宇宙生成图景以"太一"为万事万物的本原，太一相当于老子的"道"。太一化生阴阳二气，二气和合为万物赋予形体生命，而声音的产生正在于形体的碰撞震荡。"形体有处"同时又是对乐器发声方式的隐喻，有的因孔窍而与气共鸣发声，有的赖其形体震动而发声，这都是形体各种状态的"处"。能发声并不意味着是音律和谐的乐声，只有真正遵循"和"的原则所创作的才是真正的"大乐"，而达到和谐境界的必要前提便是"适"。如果说，"和"是天道"太一"向人心性的下落，那么"适"便是达到"和"的必要前提。"适"是提倡适如其分的人间秩序法则，是使音声和谐的律吕度量，更是代表天道的"和"向人显现的可以取法把握的本质与规律。

乐之务在于和心

欲之者，耳目鼻口也。乐之弗乐者，心也。心必和平然后乐，心必乐然后耳目鼻口有以欲之，故乐之务在于和心，和心在于行适。

——《吕氏春秋·适音》

注释

〔1〕乐之弗乐者：此二"乐"字及下三"乐"字，均音 lè，义为快乐。

译文

有欲望的，是耳、目、鼻、口。决定快乐还是不快乐的，是心志。心必先保持平和然后才能快乐，心情必先快乐然后耳、目、鼻、口才有欲望。所以快乐的关键在于心境和谐，心境和谐的关键在于行为适宜。

解析

"和"与"适"的概念，既是对于构成和谐乐音的客观音律规则的把握，又是人主体认识对于天道的回应与遵循，《适音》一篇正是基于对此主客关系的把握，对"适"的概念作出了更进一步的说明。"适"也就是适合适宜、恰得其宜的意思，"适"体现的不仅是音律使用上的规则要求、人主观上的审美体验，更是力求律、乐、心、道等主客体验和谐统一的人文性精神。"乐之弗乐者，心也"，人的心灵体验是联结音乐与天道的桥梁，郑卫之淫声尽管能带来耳目之愉悦，却是正人君子所不屑的，心中没有喜乐之情，这便不能称作"和心"。郑卫之声能使耳目愉悦，某种意义上说是一种音律规则之"和"，"和"却不一定"适"，所以说"和心"的必要前提在于"行适"。"行"与"心"相对，也即行为处事的适中适度原则，行为既不合乎于道，遑论乎心？所以说，人之行要以"太一"之道为依据，处处遵循恰如其分的"适"的原则，方能悦耳和心，同天道大乐共鸣。

和多而后计得

知治人者，其思虑静；知事天者，其孔窍虚。思虑静，故德不去。孔窍虚，则和气日入。故曰："重积德。"夫能令故德不去，新和气日至者，早服者也。故曰："早服是谓重积德。"积德而后神静，神静而后和多，和多而后计得，计得而后能御万物，能御万物则战易胜敌，战易胜敌而论必盖世，论必盖世，故曰"无不克"。

——《韩非子·解老》

注释

〔1〕《韩非子》：战国末期韩非子著作，是法家集大成之作。《解老》是韩非子对《老子》部分文本的解释。

〔2〕韩非：战国末期韩国人，法家的代表人物，与李斯曾同学于荀子。

译文

懂得治理人的人，他的思虑是平静的；明白奉行天道的人，他身上的孔窍是通畅的。能够思虑平静，所以能不丧失其德性；孔窍空虚通畅，就能每日摄入和气。所以老子说："要不断积蓄自身的德性。"能够不丧失内心德性，新的和气与日俱增，是及早遵循于道的人。所以老子说："及早地遵循于道，就是在积蓄自身的德性。"积蓄德性然后才能神思清静，神思清静然后和谐之气就能增多，和气增多才能使计谋周全，计谋周全然后能役使万物，能役使万物那么就能战无不胜，能战无不胜，发言论辩就能高出当世之英，论辩高于当代之士，所以说"没什么不能成功"。

┃解析┃

　　此段文字是韩非对于今本《老子》第五十九章的解释。《老子》此章以"治人事天莫若啬"为主旨，进而提出了"早服"的概念。"啬"指吝惜、爱惜之义，爱惜也即适度，是老子崇尚的"廉""俭"的原则。"服"指从事，"早服"即能及早认识并遵循天道以行事。"治人事天"，不仅是得以长生久视的修身之道，更是老子一贯"无为"的政治主张。与老子以"事天"为落脚点不同，韩非的此段论述则是完全顺着"治人"的逻辑、以"事天"为"治人"的前提展开的。"和气"是以"和"为常态的本原——"道"的物质化，"和气日至"，即意味着人对于道的主动追求与践行，由此与"寂兮寥兮"之"道"同，保持心思清明静和的状态。但在韩非以法为道的政治思想中，"神静""和多"反而成为了政治治理的必要前提，和合于"道"是为了体察万物之理，使"计"不至失策。以"计"来统御万物、治理人世，就是用"法"来规范治理国家。

唯由和而可

（粥子曰）攻守而战乎同器，而和与严其备也。故曰：和可以守而严可以守，而严不若和之固也；和可以攻而严可以攻，而严不若和之得也；和可以战而严可以战，而严不若和之胜也。则唯由和而可也。

——《新书·修政》

注释

〔1〕《新书》：亦称《贾子》，西汉贾谊所撰。主要内容是吸取秦朝灭亡的教训，为统治者提供的长治久安之策。

〔2〕粥子：即鬻子，名熊，芈姓，楚国先祖。诸子或依托于此人而著《鬻子》，属道家。

译文

（粥子回答道）"攻、守、战取决于同样的因素，也即具备"和"与"严"的两种政策。所以说：'和'之道可以用来防守，'严'之道可以用来防守，但'严'之道不如'和'之道防守稳固；'和'之道可以用来进攻，'严'之道可以用来进攻，但'严'之道不如'和'之道合适；'和'之道可以用来作战，'严'之道可以用来作战，但'严'之道比不上'和'之道的成效。由此观之，作战只有重视'和'之道才是可行的。"

┃解析┃

  此段文字是贾谊对于"严"与"和"辩证关系的探讨。秦汉初期，正是历史上大一统王朝逐渐形成、传统社会面临大转型的时期，传统儒学亦相应作出适时性改造，贾谊在吸收儒家治道、法家思想的基础上，提出礼法并举的治国方略，并着重发扬其制度化的一面。"严"，就是法治；"和"，即是礼的精神。无论是治国还是治军，严厉与宽和的两种政策导向虽相互对立，却统一促进了政策的施行和治理的推进，从这个意义上讲，严厉与宽和可以视作同一目标的政策措施的两面。不过，"和"的内涵却不仅限于此。当"和"与"严"相对，可以指代相对宽松和缓的措施，而一般意义上的"和"则是对于君臣上下同心同德、和谐共济的高度概括，这也是传统儒家礼学最为提倡的治理境界。"礼"所规范的，不仅是伦理生活的秩序、政治制度的运行，更是对于道德仁义的匡正与教化。因此，惟有"礼"，也只能是"礼"，才能直指人心，助推社会走向"和"的境界。

夫刚则不和

　　桓公曰：“金刚则折，革刚则裂，人君刚则国家灭，人臣刚则交友绝。”夫刚则不和，不和则不可用。是故四马不和，取道不长；父子不和，其世破亡；兄弟不和，不能久同；夫妻不和，家室大凶。《易》曰：“二人同心，其利断金。”由不刚也。

——《说苑·敬慎》

注释

　　〔1〕《说苑》：西汉刘向编撰，主要记述了先秦至汉代六百多则逸闻趣事，是一部反映一定政治、道德思想的轶事小说集。

译文

　　桓公说：“金属过于刚硬则容易折断，皮革过于刚硬则容易开裂，人主过于刚烈则国家容易灭亡，人臣过于刚强则容易与朋友断绝往来。”如果过于刚强就不和谐，不和谐就不堪为用。所以拉车的四匹马不相和谐，马车就走不远路；父子间不和睦，他们这一世就会破亡；兄弟不和睦，就不能长久相处；夫妻不和睦，家庭就会有凶祸。《易经》说：“两个人同心同德，他们的力量就足以折断金属。”这是因为两人都不过于刚强的缘故。

解析

　　刚柔相济才是保持事物和谐之道，无论是身心修养、人际交往还是治国理政，如果过于刚强，就会导致不好的结果。刚健强劲的性格在特定的环境形势下，能够起到拼搏进取的积极作用，却并不适用于大多数的情况。人与人的交往，国与国的往来，均以亲善友爱、互助互利为先，如果过于刚强，父子兄弟等家庭关系便难以缓和，家尚不能齐，又何来君臣一心、社会和谐？刚与柔作为处理人事的两种对立力量，过于提倡哪一方均不利于全局的和谐稳定，所以《中庸》提倡"执其两端，用其中于民"的原则，使刚柔相济力量平衡，才能达到真正的和谐。以和谐之道贯彻于君子的道德实践与施政方略之中，谨慎使用"刚"的力量，这与老子所崇尚的柔弱与不争有着异曲同工之妙。

五藏不和则九窍不通

故肺气通于鼻，鼻和则知香臭矣；肝气通于目，目和则知白黑矣；脾气通于口，口和则知谷味矣；心气通于舌，舌和则知五味矣；肾气通于耳，耳和则知五音矣。五藏（脏）不和，则九窍不通；六府（腑）不和，则留结为痈。

——《难经·藏府配像》

注释

〔1〕《难经》：即《黄帝八十一难经》，成书于东汉以前，一说在秦汉之际，是中医经典著作之一，与《黄帝内经》并称"内难"。

译文

所以肺气通行于鼻腔，与鼻子相和，于是人能识别香臭的味道；肝气通行于眼睛，与眼睛相和，于是人能识别黑白的颜色；脾气通行于口腔，与嘴巴相和，于是人能尝到谷物的滋味；心气通行于舌头，与舌头相和，于是人能识别酸、苦、甘、辛、咸五种味道；肾气通行于耳朵，与耳朵相和，于是人能听出宫、商、角、徵、羽五种音律。五脏不相和谐，九窍就不会通畅；六腑不相和谐，精气滞留郁结，人体就会生毒疮。

解析

以人与天地万物为同根同源的天人合一思想，是深深烙印于中华文化之中的精神气质，也成为各家思想的源头活水。就传统中医而言，阴阳二气之造化产生生命的本源，是为先天；个体生命并不独立于天地之间，而是与天地之气相互作用，表现出与自然变化规律相顺应的生命律动，是为后天。中医把人脏腑器官的生命规律，与天地阴阳四时变化相对应，形成了独特的五行学说。木、火、土、金、水五行分别与肝、心、脾、肺、肾五脏，与胆、小肠、胃、大肠、三焦、膀胱六腑，与酸、苦、甘、辛、咸五味，角、徵、宫、商、羽五音相对应，充分展现了传统中医对于天地大宇宙、人身小宇宙相通相协的深刻认识。肺腑之内分布有精气运行，既构成了各器官基本的生理功能，也承担着协调各器官乃至整体生命的功能，精气流转于人身之间，有其一定的顺序规则，这就是人身之和谐。如果精气运行不畅、气血凝滞，也就破坏了生命系统的和谐，人自然就会生病了。

乐在人和不由音调

贞观二年，太常少卿祖孝孙奏所定新乐……尚书右丞魏征进曰："古人称：'礼云，礼云，玉帛云乎哉！乐云，乐云，钟鼓云乎哉！'乐在人和，不由音调。"太宗然之。

——《贞观政要·论礼乐》

注释

〔1〕《贞观政要》：唐吴兢撰，是一部汇集唐初政治言论的政书，对唐太宗君臣治国经验作了全面总结。

〔2〕祖孝孙：隋末唐初乐律学家，先后于隋代开皇年间、唐武德九年参与修定雅乐。著作有《大唐雅乐》。

〔3〕魏征：字玄成，唐太宗时期的著名谏臣。

译文

贞观二年（628），太常少卿祖孝孙进献他新修订的宫廷雅乐……尚书右丞魏征进谏说："古人说：'礼啊，礼啊，仅仅说的是行礼所用的玉器和丝帛吗？乐啊，乐啊，仅仅说的是奏乐所用的钟和鼓吗？'音乐的本质在于使人和谐，而不在于音律曲调等外在形式。"唐太宗认为他讲的很有道理。

解析

本选段节选自唐太宗李世民与诸位大臣就音乐是否能决定国家兴亡所进行的讨论。唐太宗否定了儒家礼乐文明将音乐与政治视为一体的一贯主张，认为历史上国家败亡与靡靡之音的流行只是一种主观臆测，太平盛世即使日日演奏《玉树后庭花》等亡国之音，也不会对政治产生什么影响。因此他提出了"悲欢之情，在于人心，非由乐也"的论断。而魏征则引用了孔子对礼乐本质的形容予以回应。儒家认为，礼乐有主内主外、统同辨异之分，正声雅乐以平和之音向内在感染人心，使上下和睦亲爱；礼仪秩序从外在对人的行为举止作出强制性的规范，以维护等级秩序的稳定。这才是礼乐制度协调人心与秩序的根本意义。玉帛、钟鼓仅仅是行礼奏乐的形式工具，与礼乐文明所代表的价值取向与文化意义是用与体的区别。魏征以"乐在人和，不由音调"作出折中的回应，既直言强调乐所代表的"人和"的本质，又顺着太宗的意见，取消了人和与政治兴亡的直接联系，因此得到太宗的首肯。

和顺积于中

孔子曰："有德者必有言。"何也？和顺积于中，英华发于外也。故言则成文，动则成章。

——《二程遗书·伊川先生语四》

注释

〔1〕《二程遗书》：又称《河南程氏遗书》，是程颢、程颐的弟子记述其师之言行的著作，后经朱熹编定。

〔2〕伊川先生：即程颐，字正叔，世称伊川先生，与其兄程颢合称"二程"，两兄弟是宋代理学的主要奠基者。

译文

孔子说："有德之人一定有善言。"为什么呢？心中积聚了和顺之道，美好的品质便能显现于外。所以言谈举止就自然能形成文章。

解析

选文是对孔子"有德者必有言"一句的解释。"德"与"言"代表的是道德品性和道德行为一体两面的关系。"言"也即"行"，指的是符合道德规范的行为，侧重于行为的实现；"德"则指的是个体内在的德性，是引导人发出适当言行的枢机。如果一个人内在修养符合德性的要求，那么他的言行举止一定是合乎于道德和礼法规范的。反之，符合道德要求的行为却并不一定发自内心德性的觉醒，不一定出自内在道德动机，因此孔子接下来说"有言者不必有德"。以内在道德涵养为一切行动的出发点，由内在德性表现为外在德行，这才是以德和合内外的至高境界。程颐以《礼记》"和顺积中而英华发外"作为孔子此句的注脚，摆明了他以礼乐配合的形式直指道德人心修养的态度，礼从外在规范行为，乐则由内以和合之道教化人心，从而达到"言则成文，动则成章"的境界。"言则成文，动则成章"句参互成文，"文章"以代称礼乐制度。能和合内外德性修养，所以君子行动言语皆能符合礼乐大义。

心 和 而 体 正

孟子曰："居移气，养移体"，况居天下之广居者乎！居仁由义，自然心和而体正。更要约时，但拂去旧日所为，使动作皆中礼，则气质自然全好。礼曰"心广体胖"，心既弘大则自然舒泰而乐也。

——张载《经学理窟·气质》

注释

〔1〕张载：北宋理学家，字子厚，人称横渠先生，其学称为"关学"。

〔2〕胖：音 pán，宽舒、舒坦。

译文

孟子说："居住环境可以改变人的气质，供养条件可以改变人的体质。"何况以天下为家的仁者呢？若是依据"义"的道理，以"仁"为心灵的居所，自然可以心体平和中正。更要时时约束自己，拭去往日不合于道的行为，使行为动作都能符合礼仪规范，那么人的精神气质自然会好。《礼记》说"人心胸宽广了，身体自然会舒坦"，心胸既然弘阔宽大，那么自然能舒适安泰，身心愉悦。

解析

《气质》篇集中展现了张载的人性论。张载认为世间万有皆由气而成，气所固有的天地之性也就是万有之本性，是气所生成的万物皆具备的；然而气一旦成形成物，各物种的特殊形态就决定了各物种的特殊之性，这就是气质之性。世间万物都有天地之性和气质之性的两面：天地之性得之于气的本性，是纯善而合于道的；气质之性则取决于各人、物的特殊形态，故而有善有恶。天地之性与气质之性均存在人性之中，这是一种"合"；而人不断地修持体道、涵养心性，使气质之性能变化复归于天地之性，这才是张载所真正追求的"和"。因此，张载引孟子"居移气，养移体"句为佐证，主张通过"居仁""由义""中礼"的道德实践来使行为端正，心胸弘大，进而达到"心和""气正"的境界。"心和"，也即是使人的气质之性与天地之性相和谐。

和合乃修身之本

师住云居之日，每见衲子辈有攻讦他人之隐恶者，即从容谕晓之曰："做人行事不当如此，林下人唯学道最为急要。和合乃修身之本，岂可苟且放纵其心，随自家之爱憎，坏他人之行止。"其委曲于人有如此者。

——《禅林宝训笔说·卷中》

注释

〔1〕《禅林宝训笔说》：清智祥述，共三卷，是对《禅林宝训》的详注。

〔2〕师：指高庵善悟禅师。

译文

高庵禅师在云居山修行，每每见到僧人在背后揭发攻击他人隐私的，便从容地告诫他们："做人做事不应当这样，出家人学习佛法是最为紧要的事，和合之道才是修身的根本，怎么可以根据自己的爱恨喜好，随心所欲地败坏他人的言行举止呢？"他就是这样委婉含蓄地教导他人。

解析

佛教传入中国之后，浸润于中国思想文化的土壤，主动与传统文化相融合，形成了其独特的伦理思想。不论是世俗伦理抑或宗教伦理，和谐的价值总是为人们所广泛认同与接受的，而佛教正是基于"和"的宗旨，为自己的宗教戒律观注入了丰富的内涵。高庵法师所劝谏的背后攻讦他人隐私的行为，对于佛家而言并不是一件破坏僧人团结的小事，而是众信徒所必须遵守的道德规范"十善"之一的"不两舌"。两舌，也即妄言谬语、搬弄是非。寺院作为一个社群，本身就以和谐和合的精神正常运转，背后两舌，破坏僧人之间的团结事小，进而影响到佛法的修行才是更大的罪过。因此，高庵法师说"和合乃修身之本"，从规范言行举止做起，最终达到身心的和合，才是最利于出家人修行的状态。

吾心安处便是和

问"礼之用，和为贵"。曰："礼如此之严，分明是分毫不可犯，却何处有个和？须知道吾心安处便是和。如'入公门，鞠躬如也'，须是如此，吾心方安。不如此，便不安；才不安，便是不和也。以此见得礼中本来有个和，不是外面物事也。"

——《朱子语类·论语四》

注释

〔1〕朱熹：字元晦，后改为仲晦，号晦庵，宋代理学的集大成者，与二程并称"程朱"；著作有《四书章句集注》《太极图说解》等。

〔2〕《朱子语类》：由南宋黎靖德所编，此书记载了朱熹言论及其与门人问答论学的对话，全书 140 卷。

译文

问："'礼之用，和为贵'该如何理解？"答："礼仪制度如此森严，确实是分毫不可违背的，哪里需要'和'呢？我们应该知道当行礼之时能做到心安便是'和'。比如礼制要求进入国君的外门，需要行鞠躬礼以示恭敬谨慎，一定要这样做，我才会心安；不这样做，我心不安。心中如有不安，这就是不'和'。以此可知礼制本身就是循着'和'的原则制定的，'和'不是外在的形式。"

解析

此段文字是朱熹针对其弟子关于《论语》"礼之用，和为贵"

句疑问的释义，在朱熹看来，礼制森严有序，表现的是人内心诚挚的敬意，如果行礼之时人能发见心中之诚敬，一切顺其自然而不做作，那便是符合"和"的要求的。"和"是祥和安宁的礼容，是"吾心安处"的道德情感，也是使得井然肃穆却又略嫌繁琐的礼法制度得以实施的关键。"和"强调顺理成章和自然流露，不得有所强迫，也即如有子所言的"知和而和"，一味地追求形式矫揉造作，而忽视了内心的道德情感，这便有违礼的本意。真正的"和"一定是遵循天道之所倡、道德情感之所向而启发的心灵体验，不是形式主义的"外面物事"。

敬身以和其心

善和者无有如敬者也。敬身以和其心，则神不劳而为君，率形气而亲比之，以充周于官骸，命亦奚从而夭，福亦奚往而不凝哉？是则善言养生者，亦惟君子独耳。

——王夫之《续春秋左氏传博议·卷上》

注释

〔1〕王夫之：字而农，别号姜斋，明末清初思想家，世称船山先生，著作有《船山遗书》。

译文

践行"和"道的方法没有能比得上"敬"的。身怀敬意以协和内心，人的心神无需劳累就可以控制人的形、气，心神统率形、气并与之亲近，使和气充斥于五官形骸之中，人的生命怎么会夭折呢？福气又怎么会离开而不是凝结在人身呢？这就是为什么说善于养生的人，也只有君子了。

解析

本选段节选自王夫之的养生之论。王夫之认为，养生有"养形""养气""养神"三个境界，而其中尤以"养神"为上。养神以"和"为宗旨，而"和"又以"敬"为前提。首先，若想要达到神气"和"的状态，务必要做到饮食上的清淡柔和，举止上的恰如其分，身体力行地实践道德规范，以期达到精神上的充盈振作。其

求同存异　和而不同

291

次，人之所以难于达到"和"，是由于形、气、神三者的不相协和，神作为身体的主宰，控制周身之气的运转，气则奉行神的指令，役使形体做出相应的动作，这样一套形神控制人身的体系，形、气、神三者若不能相合，何谈控制已身的行为呢？最后，有鉴于此，王夫之提出应以人心之"敬"统摄三者的行动，如能散发心中诚敬之意于身中，"谨礼至敬而乃以和"，那么"神不劳而为君，率形气而亲比之"。形、气、神三者相和谐，便可以称作"善养生"的君子了。

责任编辑：洪　琼

版式设计：顾杰珍

图书在版编目（CIP）数据

求同存异　和而不同／丁四新等 编著 . —北京：人民出版社，2022.5
（典亮世界丛书）

ISBN 978－7－01－023963－7

I.①求…　Ⅱ.①丁…　Ⅲ.①中华文化－通俗读物　Ⅳ.① K203–49

中国版本图书馆 CIP 数据核字（2021）第 231547 号

求同存异　和而不同
QIUTONGCUNYI HEERBUTONG

丁四新　王政杰　赵乾男　编著

人民出版社 出版发行
（100706　北京市东城区隆福寺街 99 号）

北京中科印刷有限公司印刷　新华书店经销

2022 年 5 月第 1 版　2022 年 5 月北京第 1 次印刷
开本：710 毫米 ×1000 毫米 1/16　印张：18.75
字数：280 千字

ISBN 978－7－01－023963－7　定价：79.00 元

邮购地址 100706　北京市东城区隆福寺街 99 号
人民东方图书销售中心　电话（010）65250042　65289539